DA CONFIRMAÇÃO
NO DIREITO CIVIL

ANTÓNIO MENEZES CORDEIRO
Catedrático da Faculdade de Direito de Lisboa

DA CONFIRMAÇÃO
NO DIREITO CIVIL

ALMEDINA
2008

DA CONFIRMAÇÃO NO DIREITO CIVIL

AUTOR
ANTÓNIO MENEZES CORDEIRO

EDITOR
EDIÇÕES ALMEDINA, SA
Av. Fernão Magalhães, n.° 584, 5.° Andar
3000-174 Coimbra
Tel.: 239 851 904
Fax: 239 851 901
www.almedina.net
editora@almedina.net

PRÉ-IMPRESSÃO I IMPRESSÃO I ACABAMENTO
G.C. – GRÁFICA DE COIMBRA, LDA.
Palheira – Assafarge
3001-453 Coimbra
producao@graficadecoimbra.pt

Março, 2008

DEPÓSITO LEGAL
273865/08

Os dados e as opiniões inseridos na presente publicação
são da exclusiva responsabilidade do(s) seu(s) autor(es).

Toda a reprodução desta obra, por fotocópia ou outro qualquer
processo, sem prévia autorização escrita do Editor, é ilícita
e passível de procedimento judicial contra o infractor.

Biblioteca Nacional de Portugal - Catalogação na Publicação

CORDEIRO, António Menezes, 1953-

Da confirmação no direito civil. - (Manuais universitários)
ISBN 978-972-40-3432-4

CDU 347
      378

NOTA PRÉVIA

Este escrito destina-se aos *Estudos Comemorativos do Centenário do Nascimento do Prof. Doutor Paulo Arsénio Viríssimo Cunha*, em curso de preparação. Além disso, ele tem uma história, que vamos recordar.

No ano lectivo de 1971-1972, na qualidade de aluno do 2.º ano jurídico da Faculdade de Direito de Lisboa, apresentámos ao regente titular da Cadeira de Direito Civil (Teoria Geral), precisamente o Prof. Doutor Paulo Cunha, um pequeno trabalho: *A confirmação dos negócios jurídicos* (dact., 1972). O escrito foi acolhido com benevolência, tendo sido apreciado e discutido durante parte do exame oral, generosamente classificado, pelo júri. O Prof. Doutor Paulo Cunha propôs, de imediato, a sua publicação na Revista da Faculdade. Ela nunca se realizaria: doença do Professor e, depois, múltiplas perturbações académicas, subsequentes à queda do Estado Novo. O texto perdeu-se. Ficaram as memórias e algumas notas juvenis. E, sobretudo: permaneceu uma marca indelével: a do gosto pela dogmática histórico-comparatística (haverá outra?) do Direito civil.

No Centenário do nascimento do grande Mestre, retomamos com saudade – e seguindo o formato clássico – o nosso primeiro escrito de Direito civil, datado (será possível?!) de há 35 anos: *Da confirmação no Direito civil*.

Lisboa, Fevereiro de 2008

ÍNDICE GERAL

CAPÍTULO I
INTRODUÇÃO

§ 1.º A confirmação civil

1.	Aproximação	14
2.	O estado das questões	15
3.	A confirmação na literatura jurídica	17
4.	O relevo jurídico-científico	20

PARTE HISTÓRICO-COMPARATÍSTICA

CAPÍTULO II
A *RATIHABITIO*: DE ROMA A SEUFFERT

§ 2.º O Direito romano

5.	Aspectos gerais	23
6.	A *negotiorum gestio* e o mandato	25
7.	Os negócios inválidos	27
8.	Caracterização dogmática	29

§ 3.º O Direito intermédio

9.	Generalidades; Cuiacius	31
10.	Donellus	32
11.	Domat	33
12.	Pothier	34

§ 4.º **Código Napoleão e primeira pandectística**

13. O Código Napoleão 35
14. Savigny 36
15. A primeira pandectística 37

§ 5.º **Seuffert**

16. O Autor 39
17. A descoberta da confirmação 39
18. Acolhimento na pandectística tardia 41

CAPÍTULO III

SISTEMAS ACTUAIS

§ 6.º **O BGB e a extensão da confirmação**

19. O BGB 43
20. A inadmissibilidade da confirmação dos negócios nulos 44

§ 7.º **O Direito francês e a conquista das invalidades**

21. Nota histórica 47
22. A reconstrução das invalidades e a confirmação 48
23. Convergência prática 51

§ 8.º **O Direito italiano e a recepção do pandectismo**

24. Generalidades; o Código de 1865 53
25. O Código de 1942 55
26. A doutrina 55

CAPÍTULO IV
A EXPERIÊNCIA PORTUGUESA

§ 9.º A pré-codificação

27. Aspectos gerais 57
28. Coelho da Rocha 57

§ 10.º O Código de Seabra (1867)

29. Dispositivos legais 59
30. Guilherme Moreira 61
31. Cunha Gonçalves 63

§ 11.º O Código Vaz Serra (1966)

32. O pandectismo tardio (Galvão Telles, Manuel de Andrade
e Dias Marques) 65
33. O anteprojecto de Rui de Alarcão 66
34. O Código Civil; remissão 67

PARTE DOGMÁTICO-SISTEMÁTICA

CAPÍTULO V
TEORIA DA INEFICÁCIA

§ 12.º As invalidades e a ineficácia

35. Súmula evolutiva 71
36. A problemática periférica 73
37. O caso extremo da anulabilidade 74
38. O sistema de Savigny 76
39. O quadro clássico 78
40. As invalidades 81

§ 13.º Figuras periféricas

41. A pretensa inexistência 87
42. As ineficácias em sentido estrito 92
43. A irregularidade 93

§ 14.º Aspectos do regime

44. A invocação das invalidades 95
45. As consequências 97
46. A tutela de terceiros 100

§ 15.º Reformulação da teoria da invalidade

47. Ponto de partida 103
48. Cisão na nulidade: nulidades absolutas e relativas 103
49. Cisão na anulabilidade: anulabilidades comuns e privilegiadas 106

§ 16.º O aproveitamento de negócios ineficazes

50. A redução 109
51. A conversão 114
52. A sanação 118

CAPÍTULO VI
A CONFIRMAÇÃO

§ 17.º Dogmática geral

53. O núcleo normativo 121
54. Requisitos objectivos e subjectivos; ineficácia 122
55. Confirmação expressa e tácita; dispensa de forma 123
56. A (aparente) eficácia retroactiva 124
57. "Animus confirmandi"? 126

§ 18.º Delimitações e natureza

58. Ratificação e aprovação	127
59. Validação, *reductio*, convalidação, convalescença e perdão	128
60. Caducidade, prescrição e renúncia ao direito de anular	129
61. A renovação de actos nulos	130
62. A natureza	131

CAPÍTULO VII

"CONFIRMAÇÕES" ESPECIAIS E "CONFIRMAÇÕES" ANÓMALAS

§ 19.º O testamento e as suas particularidades

63. Justificação da sequência	130
64. O testamento: modalidades e interpretação	131
65. Os vícios	135
66. A invalidade do testamento	136

§ 20.º A "confirmação" do testamento

67. Os dados legais e a sua interpretação	139
68. A proibição de *venire contra factum proprium*	140

§ 21.º Outras "confirmações" especiais e "confirmações" anómalas

69. Confirmação dos actos do menor e do casamento	143
70. Confirmações de documentos e de sentenças	144
71. Confirmação de doações sujeitas a caducidade	145
72. Confirmação de doações nulas	145
73. Confirmação de actos nulos e de actos anuláveis do tutor	146

Índice de jurisprudência	149
Índice onomástico	153
Índice bibliográfico	159
Índice ideográfico	171

CAPÍTULO I

INTRODUÇÃO

§ 1.º A confirmação civil

1. *Aproximação*

I. Há vício num negócio jurídico: este não irá produzir, em regra, os efeitos normais. No universo daí resultante posiciona-se, entre outras hipóteses, a da anulabilidade. Nela, um interessado – em regra: a pessoa prejudicada pelo vício – dispõe do poder de provocar o desaparecimento do negócio atingido. Mas admite-se a opção inversa: a de o mesmo interessado preferir confirmar o negócio jurídico, pondo cobro à fragilidade que o enfermava.

Eis a confirmação civil básica: o instituto pelo qual o beneficiário de uma anulabilidade decide sanar o negócio atingido, através de uma declaração a tanto dirigida.

II. O Código Civil de 1966 – ou Código VAZ SERRA – versa a confirmação dos negócios anuláveis no seu artigo 288.º: contém, aí, uma regulação densa da figura. A confirmação surge noutros preceitos: 125.º/2 (confirmação dos actos do menor: pelo próprio quando atinja a maioridade ou por quem o represente), 363.º/3 (os documentos particulares são havidos por autenticados, quando confirmados pelas partes, perante notário), 373.º/3 (o documento subscrito por quem não saiba ou não possa ler só obriga quando a subscrição seja feita ou confirmada perante notário), 373.º/4 (*idem*, quanto ao rogo), 711.º (as sentenças dos tribunais estrangeiros, revistas e confirmadas em Portugal, podem titular o registo da hipoteca judicial), 968.º (confirmação das doações nulas), 1626.º (as decisões das instâncias eclesiásticas, relativas a casamentos católicos, são eficazes, independentemente de revisão e confirmação), 1633.º/1, *a*) e *b*) (confirmação do casamento anulável); 1766.º/1, *a*) e 2 (confirmação, pelo doador, da doação entre casados, depois da morte do donatário), 1925.º/2 (confirmação, pelo tribunal, dos tutores, administradores de bens e vogais do conselho de família), 1939.º/2 (confirmação, pelo pupilo, dos actos nulos do tutor), 1941.º (confirmação, pelo Tribunal, dos actos praticados pelo tutor, sem a competente autorização), 2002.º-D/3 (confirmação da doação feita a adoptado pelo adoptante ou a este pelo adoptado, depois de pedida a revogação da adopção) e 2309.º (não pode prevalecer-se da nulidade ou anulabilidade do testamento ou da disposição testamentária aquele que a tiver confirmado).

A confirmação surgia ainda nos artigos 1749.º/3, 1844.º/1 e 2, 1848.º/3 e 4, 1930.º/1 e 2002.º/3, na versão original do Código Civil e hoje revogados ou substituídos.

O artigo 1749.º fixava a anulabilidade dos actos de alienação dos bens dotais, fora do condicionalismo para tanto requerido; o n.º 3 admitia que, extinto o ónus dotal, a mulher ou os seus herdeiros pudessem "... confirmar o acto nos termos gerais".

O artigo 1844.º/1 e 2 reportava-se à confirmação, pela mãe, da declaração de maternidade prestada na sua ausência. Por seu turno, o artigo 1848.º/3 e 4 tinha a ver com a confirmação, pelo pai, da paternidade do filho que lhe fosse atribuída pela mãe.

O artigo 1930.º/1 referia a eventualidade de não confirmação do tutor, pelo tribunal.

Finalmente, o artigo 2002.º/3 previa a caducidade da doação feita ao adoptado ou a seus descendentes, pelo adoptante, ou a este, pelo adoptado, no caso de ser pedida a revogação da adopção; todavia, admitia a hipótese de o doador, depois de pedida a revogação, confirmar a liberalidade por documento autêntico ou autenticado.

III. O enunciado mostra que a confirmação nuclear, relativa a negócios anuláveis e patente no artigo 288.º, ocorre noutros preceitos: 125.º/2 (actos do menor) e 1633.º/1, *a*) e *b*) (casamento). Mas além disso, surgem "confirmações" diversas:
- de documentos: 363.º/3 e 373.º/3 e 4;
- de sentenças: 711.º e 1626.º;
- de actos sujeitos a caducidade: 1766.º/1, *a*) e 2 e 2002.º-D/3;
- dos tutores, administradores e vogais do conselho de família, pelo tribunal: 1925.º/2;

§ 1.º A confirmação civil   15

– de doações e de testamentos nulos: 968.º e 2309.º;
– de actos do tutor, pelo pupilo ou pelo tribunal: 1939.º/2 e 1941.º.

Caberá averiguar se se trata, ainda, da aplicação de um instituto básico ou se, pelo contrário, deparamos apenas com uma polissemia de "confirmação".

Também no tocante a preceitos do Código Civil, hoje revogados, era possível encontrar idênticas oscilações. O artigo 1749.º/3 tinha a ver com a confirmação de actos anuláveis: os relativos a bens dotais. Tínhamos, depois, confirmações distintas:
– de maternidade e de paternidade: 1844.º/1 e 2 e 1848.º/3 e 4;
– do tutor pelo tribunal: 1930.º/1;
– de doações sujeitas a caducidade: 2002.º/3.

2. *O estado das questões*

I. O estado das questões não é famoso. Acontece, mesmo no coração do Direito civil. Os temas são infindáveis: nunca se poderá dizer que está tudo estudado. Com efeito, na literatura nacional, apenas podemos apontar, para além de pequenas passagens em obras gerais, a dissertação de doutoramento de Rui de Alarcão, *A confirmação dos negócios anuláveis*, de 1971[1] e o breve relatório de mestrado de Flávio Silva Gonçalves, *A confirmação*, de 1992[2]. No âmbito da preparação do Código Civil, Rui de Alarcão publicou um anteprojecto de articulado relativo à invalidade dos negócios jurídicos[3] com páginas úteis sobre a confirmação[4]. Ou o tema é pouco fecundo – hipótese estranha! – ou, decididamente, ele tem sido desconsiderado pela nossa doutrina.

Adiantamos uma explicação: o Código Civil de 1966 foi seguido por uma fase exegética, comprimida pela pequenez dos meios universitários

---

[1] Rui de Alarcão, *A confirmação dos negócios anuláveis*, vol. I (1971), 251 pp..

[2] Flávio Silva Gonçalves, *A confirmação* (1992).

[3] Rui de Alarcão, *Invalidade dos negócios jurídicos/Anteprojecto para o novo Código Civil*, BMJ 89 (1959), 199-267.

[4] *Idem*, 227-235.

de então. Após 1974-75, assistiu-se à publicização do Direito e à atracção dos espíritos pelo que parecia ser o sentido inevitável da marcha da História. A inversão de 1989-1991, com a implosão soviética e o novo "fim da História", originou outros centros de gravidade: sociedades, concorrência, banca, novos contratos e relações internacionais. Muitos dos melhores temas do Direito civil mantêm-se como tesouros inexplorados.

II. Um estudo sobre a confirmação tem parâmetros históricos iniludíveis. Não se trata – ou não se trata apenas – de conhecer os antecedentes dos preceitos vigentes. Joga-se, antes, o próprio conhecimento do tecido jurídico-normativo em causa. As fontes não transmitem um discurso literário de apreensão imediata; nem sequer algo que, a ser sistematicamente colocado, permitiria alcançar um conhecimento susceptível de aplicação. Elas armazenam problemas e soluções. Essa dimensão não é apenas explicativa: é cognitiva. Podemos situar estas locuções num entendimento renovado de escola histórica, que apela primeiro ao espírito do povo (Direito romano) e só depois ao pensamento filosófico (momento sistemático). Aliás: as alternativas disponíveis desembocam, sempre, em releituras históricas[5].

III. O primeiro desafio que enfrentamos, perante a confirmação, é o do conhecimento elementar dos problemas e soluções que ela representa. Para além da História, temos de lidar com fenómenos de recepção jurídico-culturais. A Ciência do Direito não tem fronteiras. Mas os fluxos ordenados de soluções normativas obedecem às grandes migrações jurídico-científicas. Nesse ponto, cumpre apenas recordar a conhecida singularidade da inserção da nossa Ciência jurídico-privada no sistema continental de estilo germânico. O Direito romano actual não veio do *corpus iuris civilis*, em linha recta; tão-pouco se filia directamente na jurisprudência elegante do *mos gallicus* ou no humanismo centro-europeu. A própria escolástica peninsular não deixou marcas sensíveis. O Direito romano português actual insere-se na pandectística tardia de expressão alemã, acolhida criativamente por Guilherme Moreira, e no desenvolvimento literário subsequente ao BGB de 1896-1900. Aliás: colhemos na confirmação mais uma demonstração desse fenómeno, documen-

---

[5] Ocorre citar GERHARD DILCHER, *Von der Rechtsgeschichte zur Soziologie/Max Webers Auseinandersetzung mit der Historischen Rechtsschule*, JZ 2007, 105-112.

tado em todo o Direito civil. Como veremos, Guilherme Moreira foi, dos nossos autores, o primeiro a, da compensação, dar uma imagem moderna, hoje ancorada no Código Civil.

IV. Os limites da História não são os da Ciência do Direito. Esta, uma vez conhecido o universo problemático do tema em estudo, tem disponíveis diversos instrumentos: não para corrigir a História, mas para a continuar. Veremos até onde levar esse papel criativo da nossa Ciência.

3. *A confirmação na literatura jurídica*

I. A confirmação descende da *ratihabitio* romana. Encontramos, nos *Digesta*, fragmentos relevantes, comentados ao longo dos séculos. Apenas o tempo tornou possível uma visão conjunta, capaz de elaboração teórica.

O arranque da *ratihabitio* moderna queda no *usus modernus pandectarum*[6]. A bibliografia assinalável, mesmo em latim, é alemã. Confrontámos:

> Joannes Godofredus Meier, *De iure ratihabitionis*, 1720;
> Franciscus Ignatius Weis, *De cessatione SCti Macedoniani*, 1737, especialmente pp. 31 ss.;
> Henr. Christian Mahn, *Commentatio de iure ratihabitionis gestorum, vom Genehmhaltungsrecht*, 1741;
> Gisbertus Reitz, *De ratihabitione et retractatione*, 1755;
> Alfredus Agricola, *De ratihabitione*, 1848.

II. O período de ouro *ratihabitio* floresceu na pandectística do século XIX[7]. Tivemos em mão:

> F. W. Beckhaus, *Über die Ratihabition der Rechtsgeschäfte*, 1859;
> Julius Griesinger, *Zur Lehre von der Ratihabition der Rechtsgeschäfte*, 1862;

---

[6] FRANZ WIEACKER, *Privatrechtsgeschichte der Neuzeit/unter besonderer Berücksichtigung der deutschen Entwicklung*, 2ª ed. (1967), 204 ss., quanto ao *usus modernus*, em geral.

[7] WIEACKER, *Privatrechtsgeschichte*, 2ª ed. cit., 430 ss., quanto a este período, também em geral.

Adrianus Fredericus Ludovicus Gregory, *Specimen iuris civilis de ratihabitione*, 1864;

Lothar Seuffert, *Die Lehre von der Ratihabition der Rechtsgeschäfte/ /Civilistische Abhandlung*, 1868;

R. Scheller, *Bedeutung und Wirkung der Ratihabition*, 1887;

A. Sigerist, *Die Lehre von der Ratihabition der Rechtsgeschäfte/Civilistischer Versuch*, 1887.

De referência: a monografia de Lothar Seuffert. Mau grado as suas 161 páginas em letra gótica, é de clara leitura. Coube a Seuffert discernir, na velha *ratihabitio*, diversas figuras, entre as quais a confirmação (*Bestätigung*). Em suma: a ter um rosto, a confirmação moderna é descoberta de Seuffert. Podemos seguir toda esta evolução nas diversas *Pandekten*, abaixo citadas.

III. O BGB acolheria a confirmação moderna. Ocasionou uma série de monografias. Pudemos ler:

Richard Wittkowski, *Die Bestätigung nichtiger und anfechtbarer Rechtsgeschäfte nach gemeinem Recht und B.G.B.*, 1903;

Andreas Seij von Engelbrecht, *Die Bestätigung nichtiger und anfechtbarer Rechtsgeschäfte*, 1907;

Ernst Rutenbeck, *Der Gegensatz der sogenannten Konversion zur Bestätigung nicht gültiger Rechtsgeschäfte nach gemeinem Recht und Bürgerlichem Gesetzbuche*, 1907;

Werner Wurmtich, *Die Bestätigung nichtiger und anfechtbarer Rechtsgeschäfte nach dem BGB*, 1910;

Georg Rosenthal, *Die rechtliche Natur und die Wirkung der Bestätigung nichtiger und anfechtbarer Rechtsgeschäfte*, 1911;

Alfred Böhm, *Die Bestätigung nichtiger Rechtsgeschäfte*, 1926;

Otto Rugel, *Die Bestätigung nichtiger und anfechtbarer Ehen*, 1931.

Boa parte desta literatura foi alimentada pela controvérsia da possível aplicabilidade, a negócios nulos, da confirmação: matéria que obteria resposta negativa. Um especial interesse merece Wittkowski, cujas asserções precursoras surgiriam em todos os escritos subsequentes. Lateralmente, mas com relevo: proliferaram os comentários e as obras gerais, para além de importantes estudos sobre invalidades e anulabilidades. Adiante poderemos ilustrar toda esta matéria.

§ *1.º A confirmação civil*   19

IV. No que, com largueza, chamaremos "literatura actual" – a dos últimos quarenta anos – a compensação retraiu-se. Para além de escassos artigos, quedam duas monografias:

Hans-Ulrich Graba, *Bestätigung und Genehmigung von Rechtsgeschäften*, 1967;
Markus Müller, *Die Bestätigung nichtiger Rechtsgeschäfte nach § 141 BGB*, 1989[8].

Com as suas 235 páginas, o livro de Markus Müller aparece como a obra mais alargada, com um extenso nível histórico. O desenvolvimento de referência em comentários surge, hoje, no Staudinger: Herbert Roth dedica-lhe 10 páginas densas, a propósito do § 141 e outras 6, do § 144[9]. Cumpre ainda ter em conta uma literatura aprofundada sobre temas de invalidade.

V. Nas literaturas latinas, a matéria fica muito aquém da alemã. De todo o modo, pudemos examinar:

Cesare Bertolini, *La ratifica degli atti giuridici*, 2 volumes, 1891;
Lodovico Barassi, *Teoria della ratifica del contratto annulabile*, 1898;
Angelo Macchia, *La confirma dei negozi giuridici*, RISG 1929, 125-148 e 433-470 e 1930, 531-590.
Gérard Couturier, *La confirmation des actes nuls*, 1972.

Surgem outros escritos sobre as invalidades dos negócios ou dos actos, onde ocorrem elementos importantes quanto à confirmação. Incontornável é, ainda hoje, a obra de Barassi: bem assente em elementos históricos.

VI. Na literatura nacional mantém-se, como obra solitária e de referência, o escrito, já referido:

Rui de Alarcão, *A confirmação dos negócios anuláveis*, vol. I, 1971.

---

[8] Com recensão de KLAUS LUIG, Ius Commune 1990, 376-381.
[9] HERBERT ROTH, *Staudingers Kommentar zum BGB* I, §§ 134-163 (2003), § 141 e § 144 (503-512 e 535-540); naturalmente: estes troços assentam em latos desenvolvimentos sobre a declaração negocial.

Trata-se de uma dissertação de doutoramento, em 251 páginas, que traduz uma introdução pioneira à doutrina das invalidades: escrita pouco depois da entrada em vigor do Código Civil de 1966.

4. *O relevo jurídico-científico*

I. A confirmação, aparentemente singela, apresenta-se numa área de cruzamento entre variáveis dogmáticas complexas. Em bom rigor, temos de lidar com a teoria da vontade, com a teoria dos negócios e com a teoria da invalidade. Pois bem: estudar a confirmação constitui um ensejo excelente para reponderar essa matéria, procurando actualizá-la, à luz dos conhecimentos disponíveis.

II. A confirmação rodeia-se de institutos jurídicos afins: a ratificação, a aprovação e a sanação. De novo temos a oportunidade de esclarecer outros tantos temas, cujo relevo teórico e prático mal fica vir enfatizar.

III. Finalmente: a confirmação traduz uma postura do seu autor perante condutas futuras. Caso o confirmante acabasse por impugnar o negócio, haveria *venire contra factum proprium*, por atentado à confiança suscitada. Qual o papel desta dimensão, algo esquecida no estudo da confirmação e das próprias invalidades?

Temos, aqui, diversos incentivos jurídico-científicos, acompanhados por inúmeras projecções práticas. O Direito civil deve merecer o papel liderante que lhe compete, na construção dos conceitos e no manuseio da linguagem jurídica. Pelo menos: enquanto o Direito civil português, assente nas especificidades da sua cultura e da sua língua, se mantiver como uma realidade inconfundível, nos Países do Sul.

PARTE HISTÓRICO-COMPARATÍSTICA

CAPÍTULO II

A *RATIHABITIO*: DE ROMA A SEUFFERT

§ 2.º O Direito romano

5. *Aspectos gerais*

I. A ideia de confirmação do negócio anulável parecerá simples. Todavia, foi necessária uma evolução milenária, para precisar os seus contornos. Ela opera num nível de abstracção muito elevado, pressupondo, como já aflorámos:

– uma teoria do negócio;
– uma teoria das invalidades;
– uma teoria da anulabilidade ou equivalente.

Os efeitos práticos de tudo isto eram conhecidos pelos romanos. Mas a sua formulação abstracta não surgia explícita. Acresce, ainda, que os próprios elementos romanos disponíveis se encontram, ainda e em grande parte, por estudar[10].

II. O conceito de referência onde hoje abre o que chamamos "confirmação" é a *ratihabitio*. De *ratum habere*[11]*: ratus*, grego ρητός, significa

---

[10] MAX KASER, *Das römische Privatrecht* I – *Das altrömische, das vorklassische und klassische Recht*, 2ª ed. (1971), 265, nota 42: *Eine neue Untersuchung der Ermächtigung und der Genehmigung wäre erwünscht* [Seria desejável uma nova investigação sobre a autorização e a ratificação].

[11] ULPIANO, D. 46.8.12.1: rem habere ratam hoc est, comprobare agnoscereque, quod actum est a falso procuratore. Cf. THEODOR MOMMSEN, *Corpus iuris civilis* 1, 8ª ed. (1891), 762/I.

recto, determinado, correcto ou preciso[12]. A *ratihabitio* não tinha lugar no velho Direito romano, dominado pelo formalismo[13]. Ela foi-se impondo mais tarde, muitas vezes sob a indicação, reconhecidamente tardia, da *aequitas*[14]. Beseler defende, de resto, a natureza interpolada das referências feitas, nos *Digesta*, à *ratihabitio*[15], incluindo D. 46.8.12[16].

III. No Direito romano, a *ratihabitio* ou *ratum habendi* era explicada com recurso às palavras *consensus, testimonii, consentire, probare, firmare, confirmare* ou *agnoscere*[17]. *Rati habeo* corresponde a *adprobo* ou *confirmo*[18].

Perante tal envergadura, compreende-se que ela apareça nos mais diversos locais. Como exemplo: Barassi estuda a *ratifica*, no Direito romano, a propósito das diversas *exceptiones*: *metus, doli, veleiana, macedoniana, cincia* e outras[19]; além disso, ela surgia na *restitutio in integrum*, na rescisão, na inoficiosidade da doação e do dote, nas acções pauliana e redibitória e nas diversas invalidades[20]. A esta multiplicidade de *loci* corresponde uma multiplicação de sentidos, nas fontes consideradas clássicas[21].

---

[12] JOANNES GODOFREDUS MEIER, *De iure ratihabitionis* (1720), 2 (unde & ratum habere, ratum facere, idem est, quod confirmare vel ratificare (...), HENR. CHRISTIAN MAHN, *Commentatio de iure ratihabitionis gestorum, vom Genehmhaftungsrecht* (1741), 2 (vocabulum ratihabitiones a ratum & habeo ortum trahere quod dominus, nesciente vel absente eo, gesta ratum habeat), ADRIANUS FREDERICUS LUDOVICUS GREGORY, *Specimen iuris civilis de ratihabitione* (1864), 1-2, A. SIGERIST, *Die Lehre von der Ratihabition der Rechtsgeschäfte/Civilistischer Versuch* (1887), 1 e R, SCHELLER, *Bedeutung und Wirkung der Ratihabition* (1887), 5.

[13] JULIUS GRIESINGER, *Zur Lehre von der Ratihabition der Rechtsgeschäfte* (1862), 5.

[14] *Vide* o nosso *Da boa fé no Direito civil* (2007, 2ª reimp.), daqui em diante citado simplesmente *Da boa fé*, 113 ss. e 1197 ss., com indicações.

[15] GERHARD BESELER, *Romanistischen Studien*, SZRom 46 (1926), 83-144 (140-141) e *Beiträge zur Kritik der römische Rechtsquellen*, SZRom 66 (1948), 265-393 (351); este último escrito é póstumo.

[16] GERHARD BESELER, *Confestim – Continuo*, SZRom 51 (1931), 188-202 (196).

[17] ALFREDUS AGRICOLA, *De ratihabitione* (1848), 7.

[18] GISBERTUS REITZ, *De ratihabitione et retractatione* (1755), 2; prossegue este Autor: ratihabitio est adprobatio, qua quis confirmat ea, quae a semet vel ab alio gesta sunt (...) est adprobatio superveniens, qua vel lex vel homo factum aliquod invalidum confirmat eo cum effectu, ut ab initio illud validum cenceatur (*idem*, 4).

[19] BARASSI, *Teoria della ratifica* cit., 48-61.

[20] BARASSI, *Teoria della ratifica* cit., 61-78.

[21] HANS HERMANN SEILER, *Der Tatbestand der negotiorum gestio im römischen Recht* (1968), 61.

§ 2.° O Direito romano

Para os efeitos do presente estudo, iremos limitar a análise dos textos a algumas situações exemplares.

6. *A negotiorum gestio e o mandato*

I. A *ratihabitio* surge, antes de mais, na gestão de negócios[22]. Aí apresenta um alcance que abrange as actuais aprovação da gestão e ratificação dos actos praticados no seu âmbito. Scaevola, num fragmento inserido precisamente na secção V do Livro III dos *Digesta*, *de negotiis gestis*, depois de diversas explicações, vem rematar[23] [24]:

> quid fiet, si a debitore meo exigerit et probaverim? quemad modum recipiam? item si vendiderit? ipse denique si quid impendit, queadmodum recipiet? mam utique mandatum non est erit igitur et post ratihabitionem negotiorum gestorum actio.

II. A gestão de negócios tem origem pretoriana[25], constando do *edictum perpetuum*[26]. Com características *bonae fidei*, embora fora dos correspondentes *iudicia*[27], a gestão de negócios representa um conjunto de soluções flexíveis, modeladas pelo pretor, assente na *jurisprudentia*. A *ratihabitio* tem, ela própria, um emprego comum no Direito honorário.

---

[22] *Vide* o escrito citado na nota anterior: a obra de referência.

[23] D. 3.5.8, *in fine* = 16ª ed. PAULUS KRÜGER/THEODOR MOMMSEN 1 (1954), 74/II. Em português (fixado com auxílio da edição bilingue latim/alemão de OKKO BEHRENDS e outros, *Corpus Iuris Civilis/Text und Übersetzung* II – *Digesten* 1-10 (1995), 317):

> o que sucederá se [o gestor] exigir [dinheiro] ao meu devedor e eu aprovar? De que modo posso eu receber? E se ele vender? E se ele próprio pagar alguma coisa, de que modo a pode receber? Pois, de facto, não há qualquer mandato. Nesses casos, só depois da *ratihabitio* surge a *actio negotiorum gestorum*.

> Note-se que *ratihabitio* é, em alemão, vertida para *Genehmigung*.

[24] Quanto a este texto, cf. GIOVANI FINAZZI, *Richerche in tema di negotiorum gestio*, II/1, *Requisiti delle actiones negotiorum gestorum* (2003), 584-585; anote-se que esta obra, em 656 pp., em conjunto com o 1.° volume, subintitulado *Azione pretorie ed azione civile* (1999), de 443 pp., constitui também um escrito de referência sobre o tema.

[25] MORIZ WLASSAK, *Zur Geschichte der negotiorum gestio/Eine rechtshistorische Untersuchung* (1879), 13 ss..

[26] OTTO LENEL, *Das Edictum Perpetuum*, 3ª ed. (1927, reimp.), 86 ss. (Tit. VIII, *De cognitoribus et procuratoribus et defensonibus*).

[27] *Da boa fé*, 74.

Resulta daí – tal como sucedeu com a própria *bona fides* – uma natureza técnica da *ratihabitio*[28]: essa expressão equivale a uma criação jurídica.

No plano da gestão representativa, a *ratihabitio* apresenta-se como o acto do *dominus* que aceita a gestão, abrindo as portas às subsequentes *actiones negotiorum gestorum*[29]. *A ratihabitio* vive dominada pela dogmática da gestão[30].

III. Os próprios jurisprudentes debatiam a natureza da *ratihabitio*, aproximando-a de um mandato. Ulpiano, em fragmentos conexionados *de vi et de vi armata*, retém[31] [32]:

> Sede et si quod alius deiecit, ratum habuero, sunt qui putent secundum Sabinum et lassium, qui ratihabitionem mandato comparant, me videri deiecisse interdictioque isto tenerit, et hoc verum est: rectius enim dicitur in malefício ratihabitionem mandato comparari.

De facto, no mandato, poderia um devedor pagar ao mandatário: com isso ficaria liberto das suas obrigações. Mas não havendo (o que hoje chamaríamos) poderes de representação? Aí operaria a *ratihabitio*: segundo Ulpiano[33]:

> (...) et ait Iulianus, cum dominus ratum habuerit, tunc liberari.

Ela constituiria uma aceitação posterior ao mandato[34].

---

[28] SCHELLER, *Bedeutung und Wirkung der Ratihabition* cit., 5.

[29] SEILER, *Der Tatbestand der negotiorum gestio* cit., 62. Quanto à gestão representativa e à necessidade, daí decorrente, da *ratihabitio*, ainda hoje é clássico: ERNST ZIMMERMANN, *Die Lehre von der stellvertrenden Negotiorum Gestio* (1876), 138 ss..

[30] *Vide* os competentes elementos em SIGARIST, *Die Lehre von der Ratihabition* cit., 4 ss..

[31] D. 43.16.1.14 = 16ª ed. KRÜGER/MOMMSEN cit., 736/I. *Vide*, ainda, D. 46.3.12.4, *idem*, 797/I; na 8ª ed. cit., 688/I e 747/II, respectivamente.

[32] Quanto à exegese dos textos: ALDO CENDERELLI, *La negotiorum gestio/Corso esegetico di diritto romano* I – *Struttura, origini, azioni* (1997), 118 ss. e 170 ss..

[33] ULPIANO, D. 46.3.58 = 8ª ed. MOMMSEN cit., 751/I.

[34] KASER, *Das römische Privatrecht* cit., 1, 2ª ed., 579.

§ 2.° *O Direito romano*　　　27

A ponte entre o mandato "representativo" e a gestão, também representativa, é clara, servindo a *ratihabitio* de eixo comum[35]. Todavia, insiste a doutrina em que o papel deste instituto, escasso na época clássica, se veio a intensificar apenas com Justiniano[36].

7. *Os negócios inválidos*

I. No Direito romano, as fontes reportam situações de *negotium nullum* e de *negotium non existens*[37]. Não havia uma doutrina coerente (pelas nossas bitolas) de invalidade: esta teria de aguardar o século XIX e Savigny. O negócio *nullum* não produziria efeitos. Haveria remédios?

II. A tarefa de, perante a "nulidade", encontrar uma via para a convalescença não se apresentava fácil. Na origem da dificuldade podemos situar a fórmula de Paulo, no seu livro oitavo *ad Sabinum*[38]:

> Quod initio vitiosum est, non potest tractu temporis convalescere.

Todavia, foram surgindo excepções. Na hipótese de casamentos irregulares, de novo Paulo, agora no *liber septimus responsorum*[39]:

> Eos, qui in patria sua militant, non videri contra mandata ex eadem provincia uxorem ducere idque etiam quibusdam mandatis continueri. Idem

---

[35] Cf., com outros elementos, SEILER, *Der Tatbestand der negotiorum gestio* cit., 62, 64, 66, 67 ss. e 69 ss.; *vide* MARIO MORELLI, *Die Geschäftsführung im klassischen Recht* (1935), 5 ss. e 39 ss., bem como WLASSAK, *Zur Geschichte der negotiorum gestio* cit., 62 ss..

[36] SEILER, *Der Tatbestand der negotiorum gestio* cit., 71 e 72.

[37] KURT KUBASCHEWSKI, *Die Anfechtbarkeit des nichtigen Rechtsgeschäfts* (1911), 13.

[38] D. 50.17.29 = 16ª ed. KRÜGER/MOMMSEN cit., 921/I.

[39] D. 23.2.65 = 16ª ed. KRÜGER/MOMMSEN cit., 334/II. Em português, fixado com o auxílio de BEHRENDS e outros, *Corpus Iuris Civilis*, IV (2005), 161:

> Aquele que na sua província natal preste serviço militar não é considerado agir contra as ordens de serviço se casar com uma mulher da mesma província, mesmo quando esta estiver também sob instruções. O mesmo (Paulo) respondeu considerar justo que um casamento, mesmo quando celebrado na província contra indicações de serviço, seja considerado, depois do termo do cargo, como um casamento legítimo, desde que se mantenha a vontade matrimonial; e os filhos dele nascidos sejam considerados legítimos de justo matrimónio.

eodem. Respondit nihi placere, etsi contra mandata contractum sit matrimonium in provincia, tamen post depositum officium, si in eadem voluntate preseverat, instas nupticias effici: et ideo postea liberus natos ex iusto matrimonio legitimos esse.

No período de Justiniano, foram tomadas medidas tendentes a sanar negócios jurídicos inicialmente inválidos, quando, supervenientemente, o vício fosse corrigido. Assim sucedeu com hipóteses de inobservância do *senatus consultum macedonianum*, por celebração de negócios por *filii familias* não autorizados, quando sobreviesse a *ratihabitio*[40]. Trata-se de uma situação que tem vindo a merecer a atenção dos estudiosos, ao longo dos anos[41]. Elementos anteriores, embora menos explícitos, apontavam já para soluções paralelas[42]. A figura é muito interessante. Desta feita, a *ratihabitio* não exprime – ou não exprime apenas – a como que renúncia, pelo titular de um poder de impugnação, do direito de suprimir o negócio. Ela vai mais longe, marcando o alinhar, do negócio questionado, com a ordem jurídica.

IV. Um caso interessante partia da clássica nulidade das doações entre casados. Recordamos Ulpiano[43]:

> Moribus apud nos receptum est, ne inter virum et uxorem donationes valerent. hoc autem receptum est, ne mutuo amore invicem spoliarentur donationibus non temperantes, sed profusa erga se facilitate:

O rigor desta solução foi atenuado por lei de Antonino[44]. De novo Ulpiano, admitindo a "confirmação" de tais doações[45]:

---

[40] C. 4.18.7 = 6ª ed. PAUL KRÜGER (1895), II, 167/I e II.

[41] *Vide* FRANCISCUS IGNATIUS WEIS, *De cessatione Scti Macedoniani* (1737), 4 ss. e 31 ss..

[42] BARASSI, *Teoria della ratifica* cit., 54-58.

[43] D. 24.1.1 = 16ª ed. KRÜGER/MOMMSEN, I, 347/I. Em português, com apoio em BEHRENS e outros, *Corpus Iuris Civilis* cit., IV, 225:
> Por via dos costumes é reconhecido, entre nós, que as doações entre casados são ineficazes. E assim é reconhecido para que elas não sejam obtidas pelo amor mútuo o qual não modera as doações mas antes as facilita de modo profuso.

[44] ULPIANO, D. 42.1.32 = *idem*, 351/II: "… *ut aliquid laxaret ex iuris rigore* …".

[45] D. 24.1.32.1 e 2 = *idem*, 351/II. Em português, com apoio em BEHRENS e outros, *Corpus Iuris Civilis* cit., IV, 249:

§ 2.º O Direito romano   29

Oratio autem imperatoris nostri de confirmandis donationibus non solum ad ea pertinet, quae nomine uxoris a viro comparata sunt, seda d omnes donationibus inter virum et uxorem factas, ut et ipso iure res fiant eius, cui donatae sunt, et obligatio sit civilis (…) cui locum ita fore opinor, quasi testamento sit confirmatum quod donatum est. Ait oratio faz esse eum quidem qui donavit paenitere: heredem vero eripere forsitan adversus voluntatem supremam eius qui donaverit durum et avarum esse.

8. *Caracterização dogmática*

I. A reconstrução dogmática da confirmação romana, feita com base em instrumentos actuais, permite apontar os grandes vectores em presença. Assim, tratar-se-ia[46]:

– de um acto de vontade;
– unilateral;
– informal;
– consolidativo;
– com efeitos retroactivos.

Nas fontes, a *ratihabitio* surge como reportada à opção de um sujeito: donde a sua natureza voluntária unilateral. Quanto à forma: os estudiosos sublinham que ela aparece em situações muito diversas sem que, jamais, para ela se exija alguma forma[47]. Bastariam mesmo, nalguns casos, *acta concludentia*[48].

O decidido pelo nosso imperador sobre a confirmação de doações não respeita apenas ao que o marido tenha adquirido para a sua mulher, mas também a todas as doações entre cônjuges, de tal modo que as coisas, pela morte daquele que as tenha doado, se tornem propriedade do donatário, resultando civilmente uma pretensão que se possa concretizar sob a *lex falcidia*, pela qual pode ocorrer a doação. Assim é de minha opinião proceder como se a doação tivesse sido confirmada por testamento.

[46] BARASSI, *Teoria della ratifica* cit., 78 ss.. Outras enumerações ou leituras podem ser confrontadas em GRIESINGER, *Zur Lehre von der Ratihabition der Rechtsgeschäfte* cit., 38 ss. e em SEUFFERT, *Die Lehre von der Ratihabition* cit., 12 ss. (quanto à *ratihabitio* na área da gestão de negócios; adiante veremos a "*ratihabitio*-confirmação"). Curiosas distinções escolásticas constam de REITZ, *De ratihabitione* cit., 5 ss..

[47] BARASSI, *Teoria della ratifica* cit., 82.

[48] *Idem, loc. cit..*

II. No tocante aos efeitos: é referida a leitura de Beckhaus, segundo a qual haveria, aqui, a renúncia à anulação de um negócio[49]. Em rigor, teríamos de distinguir entre a *ratihabitio* na *negotiorum gestio*, no mandato e nos negócios inválidos. Abstractamente será uma *adprobatio superveniens*[50]: tira dúvidas nos negócios inválidos, abre as portas à eficácia da gestão e dá consistência aos negócios celebrados pelo mandatário[51].

III. A eficácia retroactiva da *ratihabitio* é referida como uma constante[52]. Os meios técnico-jurídicos hoje disponíveis permitem isolar a retroactividade como um *plus*: algo que opera como um complemento, alargando a eficácia "normal" de um acto que, pela natureza das coisas, operaria *ad futurum*. Adiante veremos que este aspecto deverá ser repensado.

No Direito romano, a autónoma afirmação da retroactividade da *ratihabitio* só foi sublinhada com Justiniano[53]. Anteriormente: ela era uma decorrência normal do próprio acto *ratihabitionis*.

---

[49] A referência é de BARASSI, *Teoria della ratifica* cit., 82. Quanto à fonte directa, *vide* F. W. BECKHAUS, *Über die Ratihabition der Rechtsgeschäfte* (1859), 23

[50] REITZ, *De ratihabitione* cit., 39 ss. e 41 ss..

[51] AGRICOLA, *De ratihabitione* cit., 45 ss., 52 ss. e 59 ss..

[52] WEIS, *De cessatione Scti Macedoniani* cit., 32, MAHN, *Commentatio de iure ratihabitionis* cit., 2-3 (retrotractationis venit), REITZ, *De ratihabitione* cit., 47 ss. (especialmente quanto à *ratihabitio nuptiarum*, perante os filhos), BECKHAUS, *Über die Ratihabition* cit., 6 e SEUFFERT, *Die Lehre von der Ratihabition* cit., 69 ss. (no campo da *gestio*).

[53] BARASSI, *Teoria della ratifica* cit., 94 ss., com as fontes.

§ 3.º O Direito intermédio

9. *Generalidades; Cuiacius*

I. Por "Direito intermédio" iremos designar, de modo seguramente arbitrário, o segmento histórico-jurídico que decorre entre o Direito romano e as codificações. É óbvio que esse lapso de tempo, de quase treze séculos, é rico em experiências e evoluções: não pode ser compartimentado em tão curto epíteto. Mas para a confirmação, pragmaticamente, chega: o pandectismo recuperou o Direito romano, colocando-o em pleno século XIX. O *intermezzo* de treze séculos, não sendo despiciendo, foi secundarizado por esta injustiça histórica.

Na impossibilidade de reconstruir todos os elementos relevantes – os quais, quanto sabemos e em matéria de confirmação, não estão estudados nem, sequer, relevados – iremos prender a nossa atenção em quatro autores decisivos: Cuiacius, Donnellus, Domat e Pothier.

II. Todavia: uma referência a Alciatus (1492-1550), apontado como o primeiro humanista.

Nas diversas menções à *ratihabitio*, emerge a da sua equiparação ao mandato[54], "por regra de Direito antigo". Estamos perante uma generalização já bastante abstracta, embora nem sempre aplicável[55].

III. Em Cuiacius (1522-1590), a matéria relativa à *ratihabitio* aparece dispersa. Surgem referências à sua equiparação ao mandato[56], à sua

---

[54] D. Andreae Alciati, *Mediolanensis, iurisconsulti clariss, comentariorũ in aliquot Iuris civilis & Pontificii titulos, cõmuni Interpretum more praelectorum*, Tomus quartus, ed. Basileia, s/data, 432, 40-50.

[55] *Idem*, 62, 40-50.

[56] Iacobi Cuacii ic. *Tolosatis Opera, ad parisiensem fabrotianam editionem diligentissime exacta in tomos XI – distributa*, tomo 4 (ed. 1677), 310/A e tomo 8 (ed. 1860), 259/A.

natureza retroactiva[57] e à sua similitude com o consenso[58]. A *ratihabitio* está ainda na origem das acções derivadas da gestão de negócios[59]. Ocorrem diversas outras menções[60].

A equiparação ao consenso ocorria na hipótese de venda ou de penhor de coisa alheia: *ratihabitio domini sufficit, quia retrotrabitur, & consensui comparatur*[61].

A propósito da confirmação, pelo Bispo, de vendas de bens eclesiásticos, de novo se equipara a ratificação ao consenso, explicando que a mesma pode ser tácita[62].

A *confirmatio* é incidentalmente referida, por exemplo, a propósito de doações nulas, a filhos-famílias: mas sanáveis, retroactivamente, pela *ratihabitio*[63].

Somos levados a concluir que a lógica da sistemática humanista, periférica e empírica[64], não foi usada, de modo perceptível, com a *ratihabitio*.

10. *Donellus*

I. As considerações de Cuiacius careciam de melhor sistematização. Aqui intervém Donellus (1527-1591), em troço que cabe reter[65]:

(...) quod initio non valuit, tractu temporis convalescere non posse (...) Huia objectioni non dubito, quin occurrere valuerint Sabinus et Cassius, dum

---

[57] CUACII, *Opera* cit., tomo 2 (ed. 1658), 292/E-293/A e tomo 9 (ed. 1681), 637/C.

[58] CUACII, *Opera* cit., tomo 5 (ed. 1677), 413/E e tomo 6 (ed. 1678), 987/C e D.

[59] CUACII, *Opera* cit., tomo 9 (ed. 1681), 288/E: *ratihabitio eriam parit actionem negotiorum gestorum* (...).

[60] CUACII, *Opera* cit., tomo 11 (ed. 1683), 533, onde pode ser confrontado todo um conjunto de referências.

[61] CUACII, *Opera* cit., 5, 413/E.

[62] CUACII, *Opera* cit., 6, 987/D.

[63] CUACII, Opera cit., 9, 637/C.

[64] *Vide* o nosso *Tratado de Direito civil português*, de ora em diante citado, apenas, como *Tratado*, I/1, 3ª ed. (2005), 69.

[65] HUGONIS DONELLI, *Jurisconsulti et antecessoris opera omnia/Commentatorium de jure civili*, tomo III (ed. Macerata, 1829), 699.

§ 3.º *O Direito intermédio*   33

regulam ita concipiunt, ut dicerent ratihabitionem mandato comparari. (...) sed hoc amplius etiam retroversue perinde haberi, quasi jam ab initio res utiliter gesta est.

II. A matéria era recorrente, no tocante à gestão de negócios[66]:

> Alioqui ea magis res convalescere dicendo esset, quo longius confirmatio retro ex eventur progrederetur.

Donellus retomava o tema a propósito do *senatus-consultum macedonicus*[67].

III. Afigura-se-nos perceptível a tendência para, na base de vizinhanças linguísticas, ir aproximando tópicos problemáticos. Estamos perante um esforço que, ao longo dos séculos, iria permitir a construção de conceitos abstractos.

11. *Domat*

I. Em Domat (1625-1696), a ratificação surge a propósito da acção de rescisão: a antecedente, como veremos, da acção de anulação.

Vamos reter o texto-base[68]:

> Se a causa da restituição cessar, aquele que poderia ser relevado tiver ratificado o acto de que poderia queixar-se, não mais será recebido; pois a aprovação produz um novo acto que confirma o primeiro. Assim, por exemplo, se um menor que se tornou maior ratificar uma obrigação de que poderia ser relevado; ele não mais poderá ser. Assim, aquele que estando em plena liberdade ratifica um acto que ele pretendia ter consentido pela força, não mais se poderá queixar dele.

II. Temos, aqui, uma aproximação clara à confirmação moderna. Ela está reportada a actos impugnáveis ("rescindíveis"), pondo termo a esse seu estado. Em Domat encontramos muitas das sólidas raízes do *Code Civil*.

---

[66] *Idem*, 700.

[67] *Idem*, 701.

[68] M. DOMAT, *Les loix civiles dans leur ordre naturel: le droit public, et legum delectus*, 1 (1756), 297, IX.

12. *Pothier*

I. Pothier (1699-1772) ocupa-se das invalidades apenas a propósito do processo.

No seu *Tratado de processo civil*[69], Pothier vem distinguir os meios de nulidade, correspondentes às nulidades de pleno direito e às cartas de rescisão. Versa, depois, os casos em que elas são aplicáveis[70]. A matéria é tratada pelo prisma processual, como uma via, entre outras, de realizar o Direito.

II. A não-substancialização da matéria das invalidades, em Pothier, teria consequências subsequentes. Ainda hoje, o tema surge, na doutrina francesa, pejado de locuções processuais. Veremos os reflexos deste modo de pensar as ineficácias, no Código Napoleão.

---

[69] R.-J. POTHIER, *Traité de la procedure civile*, em *Oeuvres*, por DUPIN AINÉ, 6.º vol. (1832), 171 ss..

[70] *Idem*, 172-178.

§ 4.º Código Napoleão e primeira pandectística

13. *O Código Napoleão*

I. Na sequência da evolução anterior, o Código Civil francês (1804) ou Código Napoleão apresentou uma sequência ordenada onde surgia a confirmação.

A matéria ocorria no livro III, título III, capítulo VI: *Da prova das obrigações e do pagamento*. Mais precisamente:

Secção I – Da prova literal:
    § I   Do título autêntico (1317.º a 1321.º);
    § II   Do acto com assinatura particular (1322.º a 1332.º);
    § III Das amostras (1333.º);
    § IV Das cópias das cartas (1334.º a 1336.º);
    § V   Dos actos de reconhecimento e confirmativos (1337.º a 1340.º).
Secção II – Da prova testemunhal (1341.º a 1348.º);
Secção III – Das presunções (1349 a 1352.º);
Secção IV – Da confissão da parte (1353.º a 1356.º);
Secção V – Do juramento (1357.º a 1369.º).

II. O artigo 1338.º, relativo a actos confirmativos, veio dispor, de modo expresso, o seguinte:

> O acto de confirmação ou ratificação de uma obrigação, contra a qual a lei admita a acção de nulidade ou de rescisão, só é válido quando nele se encontrem a substância dessa obrigação, a referência ao motivo da acção de rescisão e a intenção de reparar o vício no qual essa acção se baseie.
>
> Na falta de acto de confirmação ou de ratificação, basta que a obrigação seja executada voluntariamente depois do momento em que ela podia ser validamente confirmada ou ratificada.
>
> A confirmação, ratificação ou execução voluntária nas formas e no momento determinados pela lei, implicam renúncia aos meios e às excep-

ções que se poderiam opor contra esse acto, sem prejuízo, contudo, dos direitos de terceiros.

O artigo 1339.º vedava a confirmação de doações entre vivos, designadamente quando nulas por vício de forma. A confirmação, a ratificação ou a execução voluntárias de uma doação pelos herdeiros ou adquirentes do doador, após a morte deste, implicam a sua renúncia a opor seja o vício de forma, seja qualquer outra excepção.

III. A doutrina da época comentava estes preceitos com profusão[71]. Como se vê, há uma justaposição de situações diversas: confirmação, ratificação e renúncia a posições várias.

Subjacente deveria estar toda uma doutrina relativa a invalidades, que tardaria, em França, ao longo do século XIX.

Adiantamos que, sob derivas linguísticas e conceituais, a confirmação acabaria por ser confinada a actos nulos, quando a nulidade não adviesse da ordem pública[72]. Alguma doutrina, mesmo actual, sublinha que a confirmação se reporta a actos feridos de mera nulidade relativa[73], traduzindo a renúncia a intentar a *action en nullité*[74]. A matéria deve ser retomada perante os quadros franceses da ineficácia.

14. *Savigny*

I. Coube a Savigny fixar o quadro geral das invalidades do negócio jurídico: uma geografia que, ainda hoje, se mantém, e que abaixo retomaremos. Na falta de um código civil – o BGB só surgiria passado um século – a figura de Savigny pode ser tomada como referência para o estado do Direito alemão, na época.

---

[71] *Vide infra*, n.º 72 e n.º 23.

[72] RENÉ JAPIOT, *Des nullités en matère d'actes juridiques/Essai d'une théorie nouvelle* (1909), 711 ss.. Na literatura actual: FRANÇOIS TERRÉ/PHILIPPE SIMLER/YVES LEQUETTE, *Droit civil/Les obligations*, 7ª ed. (1999), 369-370.

[73] HENRI e JEAN MAZEAUD/JEAN MAZEAUD/FRANÇOIS CHABAS, *Leçons de Droit Civil*, II/1, *Obligations/Théorie générale*, 9ª ed. (1998), 307-308 (n.º 309).

[74] JEAN CARBONNIER, *Droit Civil/Les obligations*, ed. completa de 2004, 2097 (n.º 1020).

§ 4.º *Código Napoleão e primeira pandectística*

II. Savigny não chega a apresentar um quadro geral relativo ao que hoje chamamos confirmação. Todavia, a propósito da invalidade dos negócios, ele interroga-se sobre se seria possível a sua convalescença[75]. Começa por recordar a regra básica[76]:

> Quod initio vitiosum est, non potest tractu temporis convalescere.

Pois bem: a essa regra há que contrapor as mais diversas excepções, das quais seria possível extrair uma regra distinta[77]. No tocante a negócios impugnáveis (anuláveis), Savigny chega a afirmar[78]:

> (...) que não há dúvidas de que a complementação do negócio anteriormente viciado é sempre possível. De facto, perante a impugnabilidade, o óbice tem a natureza de um direito próprio de determinada pessoa, de tal forma que esse direito pode ser renunciado, de modo que o negócio inicial surja, por si, na sua plena e intocada eficácia.

III. Está, aqui, todo o embrião da moderna confirmação. O distanciamento em relação às confusões iniciais do Código Napoleão é nítido. Apenas haveria que aguardar uma mais completa integração sistemática.

Com recuos em relação a Savigny, essa integração seria prosseguida pela pandectística, ao longo do século XIX.

15. *A primeira pandectística*

I. Na pandectística anterior a Lothar Seuffert (1868), surgem referências à *ratihabitio* ou *Genehmigung*: breves e, em geral, próximas da actual ratificação.

Assim, ela vem reportada a situações nas quais o interessado não tenha dado inicialmente o seu consentimento, vindo mais tarde a manifes-

---

[75] FRIEDRICH KARL VON SAVIGNY, *System des heutigen Römischem Rechts* 4 (1841), § 203 (554 ss.).

[76] Mais precisamente: PAULO, D. 50.17.20 = ed. KRÜGER cit., 1, 869/I.

[77] SAVIGNY, *System* cit., 3, 555.

[78] SAVIGNY, *System* cit., 3, 559-560.

tá-lo[79]. Mas também ocorre como modo de validar alienações sem poder[80], de conferir poderes após a prática do acto[81] e de provocar a aceitação e a vigência de um negócio anterior[82].

Parece claro que o drama subjacente residia na indefinição de elementos fundamentais, tal como a teoria da representação, que apenas se foi firmando ao longo do século XIX.

II. Lado a lado com as relatadas aplicações, próximas da ratificação, surgem menções à *ratihabitio* como via de convalescença dos negócios[83]. Desta feita, imperava uma indefinição conceitual. A referência era constituída pelos velhos textos latinos, quando a linguagem científica surgia em alemão.

Uma efectiva sedimentação conceitual exigiria o recurso a códigos formais.

De todo o modo, parece hoje claro que o desenvolvimento subsequente já se apercebia, sob os textos, um tanto confusos, da pandectística da primeira metade do século XIX.

---

[79] FERDINAND MACKELDEY, *Lehrbuch des heutigen Römischen Rechts*, 12ª ed. (1842), § 163 (232).

[80] G. F. PUCHTA, *Pandekten*, 8ª ed. (1856, póstuma), por A. RUDORFF (1856), § 51 (78).

[81] ALOIS BRINZ, *Lehrbuch der Pandekten*, 2 (1860), § 373 (1621 ss.).

[82] JOHANN ADAM SEUFFERT, *Praktisches Pandektenrecht* 1, 4ª ed. (1860), § 89 (112). Cf. KARL ADOLPH VON VANGEROW, *Lehrbuch der Pandekten*, 1.º vol., 7ª ed. (1875), § 88 (128).

[83] J. A. SEUFFERT, *Praktisches Pandektenrecht* 2, 4ª ed. (1867), § 345 (266), KARL ADOLPH VON VANGEROW, *Lehrbuch der Pandekten*, 3.º vol., 7ª ed. (1869), § 664 (508 ss.).

§ 5.º **Seuffert**

16. *O Autor*

I. Lothar Ritter von Seuffert (1843-1920) foi professor em Erlangen. Ele notabilizou-se no campo do Direito processual civil e do Direito da insolvência, tendo, nesse domínio, sido Autor de manuais[84], de comentários[85] e de monografias de tipo histórico-dogmático[86].

II. Seuffert tinha um excelente conhecimento da pandectística, afeiçoando o Direito romano às realidades alemãs do século XIX. A sua obra aqui enfatizada – *Die Lehre von der Ratihabition der Rechtsgeschäfte* – editada em Würzburg, em 1868, surge como obra de juventude.

17. *A descoberta da confirmação*

I. A confirmação, enquanto instituto próprio da teoria das invalidades e, mais especialmente, da anulabilidade, poderá hoje parecer muito óbvia. Na realidade, ela estava imersa na *ratihabitio*, sendo apurada apenas por Seuffert. Este realizou, assim, uma "descoberta jurídica"[87], como tal devendo ser saudado pelos civilistas.

---

[84] Assim: LOTHAR SEUFFERT, *Deutsches Konkursprozessrecht* (1899), 483 pp..

[85] Assim: LOTHAR SEUFFERT, *Kommentar zur Zivilprozessordnung*, 11ª ed., 1 (1910), 752 pp. e 2 (1911), 899 pp..

[86] Assim: LOTHAR SEUFFERT, *Zur Geschichte und Dogmatik des deutschen Rechts* I – *Die Rechtsverhältnisse der Aktivmasse* (1888), 182 pp.; com rec. de HELMANN, no KrV-GRW XXXI (1889), 267-272.

[87] Em mente o já clássico HANS DÖLLE, *Juristische Entdeckungen*, 42 DJT (1959) 2, B1-B22.

II. Como adiantámos a propósito do panorama literário especializado, relativo à confirmação, Lothar Seuffert dedicou ao tema uma interessante monografia: *Die Lehre von der Ratihabition der Rechtsgeschäfte*, publicada em Würzburg, no ano de 1868. Essa obra marca o período contemporâneo da doutrina da *ratihabitio*, isolando a confirmação e marcando, de modo decisivo, toda a doutrina ulterior. Curiosamente, a matéria circundante foi sendo descoberta em momentos distintos: a conversão deve-se a Happrecht (1700-1774)[88]; a teoria das invalidades a Savigny (1779-1861)[89]; e a *culpa in contrahendo* a Jhering[90].

III. A tese fundamental de Seuffert pode anunciar-se com grande simplicidade: não existe nenhuma doutrina geral da *ratihabitio*. Esta alberga, na realidade, três institutos diversos:

– a aprovação na gestão de negócios;
– a autorização perante negócios alheios;
– a confirmação de negócios anuláveis.

A *ratihabitio* em geral (*Genehmigung*, "aceitação" ou "concordância") traduziria um negócio jurídico situado numa "conexão conservativa orgânica" perante um negócio cronologicamente anterior[91]. Sob esta descrição ficariam, porém, incluídas as três distintas ocorrências acima referidas.

IV. Na gestão de negócios, a *ratihabitio* (*Genehmigung*) corresponde a um direito de escolha do *dominus*[92]. Em princípio, não pode ser parcial[93]:

---

[88] CHRISTOPH FRIEDRICH HARPPRECHT, *Dissertatio iuridica inauguralis, de eo quod iustum est circa conversionem actuum negotiorumque iuridicorum iamim peractorum* (1747), § 23 (8), *apud* GIUSEPPE GANDOLFI, *La conversione dell'atto invalido/Il modelo germanico* (1984), 4-5.

[89] CARL FRIEDRICH VON SAVIGNY, *System des heutigen römischen Rechts*, 4 (1841), 536 ss..

[90] RUDOLF VON JHERING, *Culpa in contrahendo oder Schadensersatz bei nichtigen oder nicht zur Perfection gelangten Verträgen*, JhJb 4 (1861), 1-113; *vide* a excelente tradução de PAULO MOTA PINTO, com uma interessante introdução, sob o título *Culpa in contrahendo ou indemnização em contratos nulos ou não chegados à perfeição* (2008).

[91] SEUFFERT, *Die Lehre von der Ratihabition* cit., 2.

[92] *Idem*, 36 ss..

[93] *Idem*, 83.

§ 5.° Seuffert

estaremos, assim, na área da actual aprovação da gestão, desencadeando efeitos perante o *dominus* e perante terceiros, tendencialmente retroactivos[94].

A autorização ou consentimento (*Einwilligung*) perante negócios alheios retrata a situação da pessoa que pretenda acolher como seu um negócio concluído por outrem em seu nome[95].

V. Finalmente, temos a confirmação propriamente dita (*Bestätigung*): manifesta-se como o acolhimento, pelo próprio, de um negócio que não seja plenamente válido[96]. Seuffert sonda a confirmação de negócios nulos, pondo em causa a possibilidade de, aí, haver eficácia retroactiva[97].

Mais clara seria a possibilidade de confirmação de negócios impugnáveis (anuláveis): estes passariam a ser válidos desde o início[98]. A confirmação pode ser tácita[99]. Além disso: não haveria que exigir, para ela, qualquer forma especial, uma vez que a forma requerida já teria sido observada no negócio a confirmar[100]. A confirmação seria possível a todo o tempo[101].

18. *Acolhimento na pandectística tardia*

I. A clarificação linguística e conceitual levada a cabo por Seuffert teve especiais reflexos nas monografias subsequentes, designadamente na de Scheller[102] e na de Sigerist[103]. Estes Autores deixam clara a trilogia de conceitos que se abrigam à velha *ratihabitio*.

---

[94] *Idem*, 43 ss., 62 ss. e 69 ss..

[95] *Idem*, 95 ss..

[96] *Idem*, 117.

[97] *Idem*, 120-121.

[98] *Idem*, 138. Quanto às consequências da retroactividade: 145 ss..

[99] *Idem*, 140.

[100] *Idem*, 140-141.

[101] *Idem*, 141.

[102] R. SCHELLER, *Bedeutung und Wirkung der Ratihabition* (1887, já citado), logo 5-6.

[103] A. SIGERIST, *Die Lehre von der Ratihabition der Rechtsgeschäfte* (1887, já citado), 4 ss., 73 ss. e 88 ss..

II. Muito relevante seria o acolhimento destas concepções na pandectística tardia. Progressivamente, desaparece a referência a um conceito amplo e informe de *ratihabitio*, antes se especializando a confirmação, perante negócios inválidos, como via de convalescença[104].

Wächter explica já, embora usando *ratihabitio/Genehmigung*, que esta só é possível perante negócios anuláveis: não quanto a negócios nulos[105].

III. A adopção de um termo próprio para a confirmação de negócios – em alemão: a *Bestätigung* – preconizada por Lothar Seuffert, foi acolhida por Regelsberger[106]: um passo importante na evolução ulterior da matéria. Regelsberger delimita o perfil da figura à anulabilidade, onde a confirmação equivaleria à renúncia ao direito de a invocar; quanto a negócios nulos: eles não poderiam ser ressuscitados[107].

O tema é consagrado em grandes clássicos: Dernburg fala, ainda, em *Genehmigung*: um negócio autónomo e retroactivo[108]; Windscheid adopta a *Bestätigung*, inaplicável a negócios nulos e de eficácia retroactiva[109].

Desenha-se a actual dogmática da confirmação.

---

[104] Otto Wendt, *Lehrbuch der Pandekten* (1888), § 60 (162-163), ainda incipiente, embora citando L. Seuffert – § 48 (124) – a propósito da representação.

[105] Carl Georg von Wächter, *Pandekten* I – *Allgemeiner Teil* (1880), § 84 (428); *vide* o *Beilage* I (428-432).

[106] Ferdinand Regelsberger, *Pandekten* 1 (1893), § 176 (639).

[107] *Idem*, loc. cit..

[108] Heinrich Dernburg/Johannes Biermann, *Pandekten* I – *Allgemeiner Teil und Sachenrecht*, 7ª ed. (1902), § 122 (285); esta obra refere Seuffert e a *Bestätigung* (*idem*, nota 5).

[109] Bernard Windscheid/Theodor Kipp, *Lehrbuch des Pandektenrechts*, 9ª ed. (1906), § 83,2 (1, 440).

CAPÍTULO III

SISTEMAS ACTUAIS

§ 6.º O BGB e a extensão da confirmação

19. *O BGB*

I. Aquando da preparação do BGB, pareceria haver um domínio pleno da matéria relativa à confirmação, de modo a permitir a sua completa estabilização. Isso não sucedeu ou não sucedeu totalmente: diversos factores levaram a um aparente acolhimento vocabular da confirmação dos negócios nulos (e não apenas dos anuláveis), assim se originando todo um debate subsequente.

II. Em termos sistemáticos, a confirmação surge, no BGB, no título 2 – declaração de vontade – da secção 3 – negócios jurídicos – do livro I – parte geral. Aí, após diversas regras, são referidas certas invalidades. Posto o que o § 139 trata da nulidade parcial (redução), o § 140 da conversão e o § 141 da confirmação dos negócios nulos. Segue-se o § 142, sobre a eficácia da impugnação (anulação), o § 143, referente à declaração de anulação e o § 144: a confirmação do negócio anulável.

III. Como textos básicos relevam, pois, os §§ 141 e 144, oficialmente epigrafados após a reforma de 2001/2002. Assim:

§ 141 Confirmação do negócio nulo

(1) Quando um negócio nulo seja confirmado por quem o haja celebrado, a confirmação deve ser havida como nova efectivação.

(2) Quando um negócio nulo seja confirmado pelas partes, ficam estas, na dúvida, obrigadas a concederem-se mutuamente o que elas teriam, caso o negócio fosse válido desde o início.

E:

§ 144 Confirmação do negócio anulável

(1) A anulação fica excluída quando o negócio anulável seja confirmado pela pessoa com legitimidade para a anulação.
(2) A confirmação não necessita da forma prescrita para o negócio jurídico.

20. *A inadmissibilidade da confirmação dos negócios nulos*

I. No período subsequente à entrada em vigor do BGB, suscitou-se o problema da extensão da confirmação. E, designadamente: haveria uma verdadeira confirmação do negócio jurídico nulo?

Os antecedentes não eram favoráveis, como vimos[110]. As razões dogmáticas já invocadas mantiveram-se, depois da aprovação do BGB. Wittkowski, numa das mais significativas monografias ainda hoje existentes sobre a confirmação[111], explicava que a nulidade obsta, por definição, a uma verdadeira e própria confirmação[112]: a chamada confirmação do negócio nulo seria, na verdade, uma nova conclusão do mesmo negócio[113]. Nessa linha, os requisitos de tal confirmação surgiam simples: todos os necessários para que o negócio em jogo não fosse nulo.

II. Na literatura anterior à II Guerra Mundial, o § 141, com a referência vocabular à confirmação de negócios nulos, mesmo quando tomado descritivamente, era criticado[114]. Em qualquer caso, a confirmação de actos nulos seria diversa da dos anuláveis[115].

---

[110] Tem ainda interesse conferir o quadro apresentado por Gregory, *De ratihabitione* cit., 20 ss..

[111] Richard Wittkowski, *Die Bestätigung nichtiger und anfechbarer Rechtsgeschäfte nach gemeinem Recht und B.G.B.* (1903), 64 pp., correspondente a uma dissertação defendida em Rostock, já citada.

[112] Wittkowski, *Die Bestätigung* cit., 13 ss..

[113] Wittkowski, *Die Bestätigung* cit., 27.

[114] Werner Wurmstisch, *Die Bestätigung nichtiger und anfechbarer Rechtsgeschäfte nach dem BGB* (1910), 30 ss., Georg Rosenthal, *Die rechtliche Natur und die Wirkung der Bestätigung nichtiger und anfechbarer Rechtsgeschäfte* (1911), 27 ss. e Alfred Böhm, *Die Bestätigung nichtiger Rechtsgeschäfte* (1926), 21 ss..

[115] Otto Kugel, *Die Bestätigung nichtiger und anfechbarer Ehen* (1931), 14 ss..

§ 6.º O BGB e a extensão da confirmação

Esta posição manter-se-ia no período subsequente: em 1967, Grabba considera como opinião comum que a confirmação de negócios nulos não é uma confirmação em sentido próprio, mas antes uma nova conclusão do contrato em jogo[116].

III. Os comentários subsequentes à entrada em vigor do BGB também confluíram nesse entendimento. Haidlen explica que o negócio nulo não pode ser recuperado pela vontade privada: o significado do § 141 só poderia ser o da presença de um novo negócio[117]. Loewenwarter retoma a ideia: o § 141 prevê um novo negócio, repetição do anterior[118].

Com algumas subtilezas recentes, esta orientação conserva-se nos comentários actuais, com exemplo no PWW[119].

---

[116] Hans-Ulrich Grabba, *Bestätigung und Genehmigung von Rechtsgeschäften* (1967), 26.

[117] Oskar Haidlen, *Bürgerliches Gesetzbuch* 1 (1897), § 141 (168).

[118] Viktor Loewenwarter, *Lehrkommentar zum BGB*, 1, 2ª ed. (1926), § 141 (206).

[119] Martin Ahrens, em Hanns Prötting/Gerhard Wegen/Gerd Weinreich, *BGB/Kommentar*, 2ª ed. (2007), § 141 (175); este comentário é conhecido pelas iniciais dos seus organizadores: PWW.

§ 7.º O Direito francês e a conquista das invalidades

21. *Nota histórica*

I. O Direito romano não previa um esquema geral de invalidades. Estas vieram a impor-se, de modo paulatino, graças, designadamente, ao esquema da *in integrum restitutio*: um tema a que iremos regressar, a propósito da teoria das ineficácias[120]. A matéria foi recebida no antigo Direito francês, nunca tendo, todavia, obtido aí a reformulação geral que, na Alemanha, lhe deu Savigny.

II. No antigo Direito francês, a matéria das invalidades vivia acantonada na contraposição entre a acção de nulidade e a acção de rescisão[121]. A acção de nulidade ocorria quando um contrato violasse regras estabelecidas pelas ordenanças ou pelo costume, isto é: pelas leis nacionais. Surgia, então, a "nulidade de pleno Direito". Já a acção de rescisão operava em face de contratos que, sendo válidos, pelo seu teor, perante o Direito francês, incorreriam porém, por dolo, erro, violência ou lesão, na velha *in integrum restitutio*. Só que a acção de rescisão não era "automática". Tornava-se necessário pedir ao Rei, através das chancelarias dos parlamentos, uma "carta de rescisão". Estas cartas eram pagas, constituindo uma fonte não despicienda de receitas: uma razão que terá assegurado a manutenção tardia do sistema. A acção de nulidade prescrevia em 30 anos enquanto, para a acção de rescisão, bastavam 10.

---

[120] *Infra*, n.º 36.

[121] A matéria pode, desde logo, ser seguida em R.-J. POTHIER, *Oeuvres*, por M. DUPIN AINÉ, tomo 6 (1832), 171 ss., tendo obtido, em M. TROPLONG, *Le droit civil expliqué suivant l'ordre des articles du Code/De la vente*, 2, 2ª ed. (1835), n.º 685 ss. (183 ss.), uma excelente explanação histórica; cf. ainda C. AUBRY/C. RAU, *Cours de Droit civil français d'après la méthode de Zachariae*, IV, 6ª ed. (s/data), § 322 ss. (366 ss.) e, actualmente, FRANÇOIS TERRÉ/PHILIPPE SIMLER/YVES LEQUETTE, *Droit civil/Les obligations*, 9ª ed. (2005), 100 (n.º 83).

III. Outra contraposição antiga distinguia as "nulidades absolutas" ou "populares", que podiam ser invocadas por qualquer interessado, das "nulidades relativas", ao alcance apenas de certas entidades. Tendencialmente, as nulidades populares ligavam-se às nulidades de pleno Direito, enquanto as nulidades relativas apelavam à acção de rescisão. Mas havia excepções.

IV. O Código Napoleão não foi antecedido pela confecção de uma teoria geral das invalidades. Aprofundou-se a ideia de que as antigas cartas de rescisão não desempenhavam, para além do fiscal, qualquer papel útil. Foram suprimidas[122]. Todavia, a terminologia manteve reflexos do antigo sistema. E não se procedeu, na feitura do Código Civil de 1804, a uma contraposição clara entre nulidade e anulabilidade: base da moderna teoria das invalidades e da própria confirmação.

22. *A reconstrução das invalidades e a confirmação*

I. A reconstrução francesa das invalidades seria uma tarefa de cem anos[123]. Na base, o próprio Código Civil previa situações nas quais determinados contratos não produziriam quaisquer efeitos; por exemplo, segundo o artigo 146.º, "não há qualquer casamento, quando não haja consentimento". Noutras, a solução é matizada; por exemplo, pelo artigo 1117.º, "a convenção contratada por erro, violência ou dolo não é nula de pleno direito". Haveria pois (em linguagem germânica) situações de "nulidade" e de "impugnabilidade". Mas no silêncio (confuso) do legislador, como discernir? Questão complementar advinha de novas flutuações legislativas: nuns casos, o legislador fixava nulidades ("nulidades textuais"); noutros, isso ficava à doutrina ("nulidades virtuais").

---

[122] A supressão ocorreu, no essencial, em 7-Set.-1790, com a abolição das chancelarias; as acções de rescisão passaram, desde logo, a poder ser invocadas directamente perante os tribunais; cf. K.-S. ZACHARIAE, *Le droit civil français*, trad. da 5ª ed. alemã por G. MASSÉ/CH. VERGÉ, 3 (1857), § 577 (467); nesta obra podem, de resto, ser confrontados interessantes elementos históricos. Sobre a lei em causa cf., ainda, BARASSI, *Teoria della ratifica* cit., 117-118.

[123] *Vide* TERRÉ/SIMLER/LEQUETTE, *Les obligations*, 9ª ed. cit., 101-102.

§ 7.° O Direito francês e a conquista das invalidades 49

II. A contraposição entre a nulidade e a anulabilidade recuperou a antiga terminologia, agora rejuvenescida, das nulidades absolutas e relativas: as primeiras poderiam ser invocadas por qualquer interessado, enquanto as segundas apenas confeririam, a certos beneficiários, a possibilidade de impugnações[124]. Mas com que critérios?

Num primeiro momento, impôs-se um pensamento de tipo empírico, que, na base de uma linguagem organicista, reconduzia as nulidades absolutas aos casos nos quais, pela natureza das coisas, o contrato fosse um "nado morto"; se apenas estivesse "doente", sendo imaginável uma "convalescença" ou "cura"[125]. Todavia, faltava precisar a causa das ocorrências figuradas, numa indefinição agravada pela introdução, por alguns autores, da categoria da "inexistência".

Seguiu-se uma segunda fase, mais elaborada em termos científicos, e que veio aproximar as invalidades das regras jurídicas violadas. Quando estas visassem o interesse público, a nulidade seria absoluta; perante meros interesses privados, a nulidade seria relativa[126]. Na prática, mantêm-se dificuldades, até aos nossos dias, uma vez que, com precisão, não é possível definir "interesses públicos"[127].

III. As dificuldades da teoria francesa das invalidades, agravadas pela imprecisão terminológica[128], repercutiram-se na confirmação. Ainda com um agravamento: o Código Napoleão, como vimos, inseriu esse instituto a propósito da prova, referindo-o, também, como ratificação[129].

Os primeiros anotadores ao *Code* referem a figura justamente como "ratificação", reportando-a aos actos sujeitos à nulidade ou à rescisão e como visando interesses individuais[130]. Traduziria o "abandono de um direito", exigindo a identificação da obrigação em jogo e o conhecimento,

---

[124] Quanto à evolução: YVAINE BUFFELAN-LANORE, *Essai sur la notion de caducité des actes juridiques en Droit civil* (1963), 111 ss..

[125] Vejam-se, também, as desenvolvidas considerações de C. DEMOLOMBE, *Cours de Code Napoléon*, vol. XXIX (1876), 1 ss..

[126] *Vide* MARCEL PLANIOL, *Traité Élémentaire de Droit civil*, 1, 3ª ed. (1904), 129 ss. (n.° 336 ss.).

[127] TERRÉ/SIMLER/LEQUETTE, *Les obligations*, 9ª ed. cit., 105-106.

[128] PLANIOL, *Traité Élémentaire* cit., 1, 3ª ed., 127 (n.° 333), com indicações.

[129] *Vide* LANGLADE, *Code civil/exposé des motifs*, 5 (1820), 90 ss..

[130] M. DELVINCOURT, *Cours de Code Civil*, 2 (1824 = 1834), 185.

pelo interessado, do vício[131]. A ratificação vai-se distinguindo da confirmação, ainda que se mantenha um uso indiferenciado[132].

IV. A influência da dogmática alemã foi útil para o aprofundamento, mais preciso, do tema da confirmação. Nesse sentido jogou o Direito renano ou Direito francês de língua alemã, que floresceu na Renânia onde o Código Napoleão foi Direito vigente, até ao advento do BGB. O tratado de Zachariae[133], directamente aproveitado por Aubry e Rau[134], marcaria toda a segunda sistemática.

Karl Salomo Zachariae von Lingenthal (1769-1843) foi professor em Heidelberg, marcando toda uma época. No que agora nos ocupa, começa por definir a confirmação como o acto jurídico pelo qual uma obrigação, que pode ser atacada pelo devedor, se torna válida. Distingue-a do reconhecimento de dívida, da renúncia a um direito, da novação e da ratificação de uma obrigação contratada por terceiro[135]. A confirmação poderia ser expressa ou tácita[136], só não sendo viável quando pudesse prejudicar direitos de terceiro[137].

No ponto delicado (no próprio Direito alemão) da distinção entre a confirmação e a renúncia, Zachariae diz que toda a confirmação de uma obrigação é, ao mesmo tempo, uma renúncia; mas que uma renúncia não é uma confirmação[138].

Estas asserções são retomadas por Aubry e Rau[139].

---

[131] A. M. DEMANTE, *Cours de Droit civil français*, 2, 3ª ed. (1840), 378 (n.º 811).

[132] M. DURANTON, *Cours de Droit civil suivant le Code français*, tomo 7, 4ª ed. (1841), 347 (n.º 264) e V. MARCADÉ, *Cours élémentaire de Droit civil français ou explication théorique et pratique du Code Civil*, tomo 5, 4ª ed. (1851), 89.

[133] Mais precisamente: KARL SALOMO ZACHARIÄ VON LINGENTHAL, *Handbuch des französischen Civilrechts*, 3ª ed., 4 volumes (1827-1828), de que já citámos a versão francesa.

[134] C. AUBRY/C. RAU, no também já citado *Cours de Droit civil français d'après la méthode de Zachariae*, 8 volumes.

[135] ZACHARIAE, *Le droit civil français* cit., 3, 483 (§ 586).

[136] *Idem*, 485.

[137] *Idem*, 486.

[138] *Idem*, 483, nota 3.

[139] AUBRY/RAU, *Cours de Droit civil français* 4, 4ª ed. (1871), § 337 (261) = 6ª ed., por ETIENNE MARTIN, s/d, 385.

§ 7.º O Direito francês e a conquista das invalidades   51

A confirmação vai-se afirmando como acto próprio, distinto de questões de forma e inacessível nos casos que escapem à vontade do interessado ou em que estejam em causa direitos de terceiro[140].

V. A falta de base legal originou recaídas terminológicas e dogmáticas[141]. Na passagem do século XIX, a dogmática francesa da confirmação estava estabilizada.

A inserção sistemática da matéria, no campo probatório, passou a ser correntemente criticada[142]. A confirmação distingue-se da renúncia e da ratificação[143]. Com alguma timidez, a doutrina veio considerar que, nas hipóteses de nulidade absoluta, a confirmação não seria, em princípio, possível[144]. Esta orientação sedimentou-se: hoje, ainda que com a possibilidade de renovação do acto, a confirmação opera apenas no domínio das "nulidades relativas" ou anulabilidades[145].

23. *Convergência prática*

I. O Direito francês partiu de uma situação marcada pela fraqueza, quanto à confirmação, da sua própria pré-codificação. O confuso sistema do antigo regime, marcado por acidentes histórico-culturais, veio dificultar a estabilização terminológica, base de qualquer dogmática consequente. Além disso e na falta de leis claras, incorreu-se num oscilar entre princípios imprecisos e uma casuística jurisprudencial.

---

[140] *Idem*, 6ª ed., 388 e 389.

[141] Assim, C. DEMOLOMBE, *Cours de Code Napoléon*, XXIX (1876), 623 (n.º 722), que considera a confirmação sinónima de ratificação e THÉOPHILE HUC, *Commentaire théorique & pratique du Code Civil*, tomo 8 (1893), 341, segundo o qual a confirmação é "(...) todo o facto que implica renúncia ao direito de fazer anular uma obrigação".

[142] G. BAUDRY-LACANTINERIE/L. BARDE, *Traité théorique et pratique de Droit civil//Les obligations*, 3ª ed., tomo IV (1908), 202 (n.º 2499).

[143] *Idem*, 342 e 343 (n.º 1984 e n.º 1985).

[144] MARCEL PLANIOL/GEORGES RIPERT, *Traité pratique de Droit civil français*, VI – Les obligations, 1, com a colaboração de PAUL ESMEIN (1930), 419.

[145] TERRÉ/SIMLER/LEQUETTE, *Les obligations*, 9ª ed. cit., 405 (n.º 399); cf. MURAD FERID/HANS JÜRGEN SONNENBERGER, *Das französische Zivilrecht – 1/1 Einführung und Allgemeiner Teil*, 2ª ed. (1994), 602 (1 F 927).

II. Mau grado estes óbices, parece-nos clara uma convergência prática com as soluções alemãs: à partida muito mais sólidas e sedimentadas. Para além de necessidades efectivas comparáveis e de culturas semelhantes na graduação de valores, devemos referir a existência de pontos de contacto entre as dogmáticas de aquém e de além Reno, numa tradição que remonta ao velho Zachariae.

III. A confirmação veio, também em França, a distinguir-se de realidades próximas, com relevo para a ratificação, relativa a um acto de terceiro. Com mais dificuldade, ela separou-se da ideia da renúncia e do abandono. À partida, o confirmante pretende aproveitar algo: e não renunciar seja ao que for.

Num ponto decisivo: a confirmação acabaria por acantonar-se nas "nulidades relativas", versão gaulesa da impugnabilidade alemã ou da anulabilidade lusa.

Outros aspectos também confluem: a desformalização da confirmação, com a possibilidade, praticamente muito relevante, de ela operar tacitamente e a sua aparente eficácia retroactiva.

Veremos como progredir, para além desta base continental comum.

§ 8.º O Direito italiano e a recepção do pandectismo

24. *Generalidades; o Código de 1865*

I. O Direito italiano contemporâneo ficou marcado pelas recepções sucessivas do estilo francês e do estilo alemão: com prejuízo para uma elaboração autónoma radicada na tradição de Bolonha e do *mos italicus*. Tem um duplo interesse para a nossa própria experiência: ilustra o potencial de recepções sobrepostas, também ocorridas entre nós e assumiu, na reforma de 1966, uma especial influência.

II. O Código Civil italiano de 1865 ocupa-se da confirmação no seu artigo 1309.º: muito próximo, mesmo vocabularmente, do Código francês (1338.º), o qual já havia dado azo ao artigo 1451.º do Código Civil Albertino, de 1842[146] e, anteriormente: ao artigo 1292.º do Código das duas Sicílias, de 1819[147].

Vamos reter o artigo 1309.º em causa[148]:

> O acto de confirmação [*conferma*] ou ratificação de uma obrigação, contra a qual a lei admita as acções de nulidade, não é válido se não contiver a substância da mesma obrigação, o motivo que a torne viciada e a declaração de que se entende corrigir o vício sobre o qual se fundamente tal acção.
>
> Na falta do acto de confirmação ou ratificação, basta que a obrigação seja, no todo ou na maior parte, executada voluntariamente por quem conheça o vício, depois do momento no qual a mesma obrigação pode ser validamente confirmada ou ratificada.

---

[146] *Vide* os *Motivi dei Codici per gli Stati Sardi*, 2 (1856), 385.

[147] *Codice per lo Regno delle due Sicilie*, Parte prima, *Leggi civili*, 6ª ed. (1827), 262.

[148] Ferrarotti Teonesto, *Commentario teorico pratico comparato al codice civile italiano*, vol. VIII (1874), 704. Esta publicação contém os preceitos dadores.

A confirmação, ratificação ou execução voluntária segundo as formas e nos prazos determinados pela lei, implica a renúncia aos meios e às excepções que poderiam ser opostas contra tal acto, ressalvados, contudo, os direitos de terceiros.

Estamos muito próximos do texto francês[149]. Os comentadores logo salientaram que, apesar da sinonímia legal entre *conferma* e *ratifica*, esta melhor ficava para a aprovação de actos praticados por terceiros, em nosso nome[150].

De notar o artigo 1310.º do Código italiano de 1865, ora em causa. Traduzindo uma clarificação importante em relação ao Código francês e ao Código Albertino, esse preceito vinha dispor[151]:

> Não se podem sanar com nenhum acto confirmativo os vícios de um acto nulo, de modo absoluto, por vício de forma.

III. A doutrina subsequente beneficiou já dos estudos da pandectística alemã[152]. A contraposição entre a ratificação, relativa aos actos de terceiros, e a confirmação, referente aos actos do próprio, era conhecida e aprofundada. E sobre o tema, as exposições eram claras[153], evoluindo para uma teoria mais aperfeiçoada das invalidades e da ineficácia[154].

---

[149] Enrico Carabelli, *La pratica del codice civile*, 2ª ed. (1872), 341; de modo desenvolvido: Luigi Borsari, *Commentario del codice civile italiano*, III/2 (1878), 781 ss., usando predominantemente bibliografia francesa.

[150] Teonesto, *Commentario* cit., 8, 705.

[151] Teonesto, *Commentario* cit., 8, 732.

[152] Designadamente: Cesare Bertolini, *La ratifica degli atti giuridici nel diritto privato romano*, II (1891), 29 ss. e Ludovico Barassi, *Teoria della ratifica del contratto annulabile* (1898), 123 ss., ambos já citados.

[153] Assim: Giorgio Giorgi, *Teoria delle obbligazioni nel diritto moderno italiano*, VIII (1893), 268 ss., G. P. Chironi/L. Abello, *Trattato di diritto civile italiano*, I – *Parte generale* (1904), 504-505, Nicola Coviello, *Manuale di diritto civile italiano/Parte generale* (1924), 339, Angelo Macchia, *La conferma dei negozi giuridici*, RISG 1929, 125-148 e 1930, 531-590, Nicola Stolfi, *Diritto civile* I/2, *Il negozio giuridici e l'azione* (1931), 765-766, usando, também, a expressão *sanatoria*, Roberto de Ruggiero, *Istituzioni di diritto civile* I, 7ª ed. (1934), 296-297 e G. Battista Ferri, *Conferma*, NDI III (1938), 757-761.

[154] Boa parte do esforço de Barassi, *Teoria della ratifica* cit., 173 ss., é justamente dirigido para uma teoria da invalidade. Também Macchia, *La conferma* cit., 125 ss., inicia a sua pesquisa com uma teoria geral da invalidade.

§ 8.° *O Direito italiano e a recepção do pandectismo*   55

A delimitação da confirmação aos actos anuláveis era já corrente, nos finais do século XIX[155].

25. *O Código de 1942*

I. A grande novidade do Código Civil italiano de 1942, neste domínio, residiu na adopção de uma teoria coerente da ineficácia, com uma expressa contraposição entre a nulidade (1418.° e seguintes) e a anulabilidade (1425.° e seguintes)[156]. O legislador procurou pôr cobro à babélica (Fedele) terminologia antes reinante, clarificando os conceitos.

A confirmação passou a ser a *convalida*[157].

II. Segundo o novo texto (artigo 1444.°)[158]:

O contrato anulável pode ser confirmado pelo contraente a quem assista a acção de anulação, mediante um acto que contenha a menção ao contrato e ao motivo da anulabilidade e a declaração de que se decide confirmá-lo.

O contrato é igualmente confirmado se o contraente a quem cabia a acção de anulação lhe tiver dado voluntariamente execução, conhecendo o motivo da anulabilidade.

A confirmação não tem lugar se quem a praticar não estiver em condições de concluir validamente o contrato.

26. *A doutrina*

I. Em termos dogmáticos, a confirmação é analisada como um negócio autónomo, distinto do contrato a confirmar[159], com uma "causa" pró-

---

[155] Assim: EMMANUELE GIANTURCO, *Sistema del Diritto Civile Italiano (Parte Generale)* (1894), 207-208.

[156] ALFREDE FEDELE, em MARIANO D'AMELIO/ENRICO FINZI, *Codice civile/Libro delle obbligazioni/Commentario*, I (1948), 637 ss..

[157] *Idem*, 750.

[158] ROBERTO TRIOLA, *Codice civile annotato*, 3ª ed. (2003), 1322.

[159] *Idem*, 751. *Vide* EMILIO BETTI, *Convalida o conferma nel negozio giuridico*, NssDI IV (1959), 791-792, GIOVANNI GIACOBBE, *Convalida (diritto privato)*, ED X (1962), 479-502.

pria[160]. Boa parte da problemática que a anima tem, todavia, ainda a ver com a teoria subjacente das invalidades.

II. O aprofundamento da *convalida* demonstra, segundo alguma doutrina[161], que o seu objectivo não é o da execução do negócio confirmado, o qual vale por si, mas, antes, o de pôr cobro à situação de incerteza derivada da sua invalidade.

Linha dogmática interessante consiste em incluir o tema da confirmação numa categoria geral "negócios sobre o efeito jurídico"[162].

---

[160] Francesco Galgano, *Diritto civile e commerciale* II/1 (1990), 315.
[161] Pietro Rescigno (org.), *Codice civile*, 1, 6ª ed. (2006), 1874 ss..
[162] *Vide* a monografia de Giovanni Doria, *I negozi sull'effetto giuridico* (2000).

CAPÍTULO IV

A EXPERIÊNCIA PORTUGUESA

§ 9.º A pré-codificação

27. Aspectos gerais

I. No período da pré-codificação, a confirmação surge-nos como um instituto prejudicado pela especial situação do Direito português, no concerto dos grandes sistemas de Direito. Na cepa tradicional, a confirmação acolhe-se à *ratihabitio* romana e a todos os seus sortilégios. Aquando da pré-codificação, prevaleceu uma especial influência francesa, precisamente marcada, como foi visto, pela incipiência da teoria das ineficácias.

II. Embora surjam elementos dispersos curiosos, merecedores de um estudo aprofundado, particularmente na vertente da boa fé, houve que aguardar a recepção do pandectismo para animar o palco da confirmação.

28. Coelho da Rocha

I. Mau grado a descrita panorâmica, vale a pena referir, no domínio da pré-codificação, a doutrina de Coelho da Rocha, quanto às invalidades. Coelho da Rocha apresenta genericamente a *nullidade* como[163]:

> (...) a consequencia da falta de alguma solemnidade essencial na fórma interna ou externa do acto; e é tambem a pena da lei imposta á infracção.

---

[163] M. A. COELHO DA ROCHA, *Instituições de Direito civil portuguez*, 1, 8ª ed. (1917 = 3ª, de 1846), § 109 (62).

II. Há duas situações a considerar:

– a nulidade *ipso iure*, por expressa declaração da lei;
– aquela que só se verifica quando o interessado a reclame.

Daí resultariam diversas clivagens. O testamento a que faltassem "solenidades" seria nulo *ipso iure*; os actos do menor seriam válidos, embora sujeitos à rescisão[164].

III. A ratificação vem referida apenas como "consentimento dado depois da celebração do acto"[165]. De todo o modo, o texto de Coelho da Rocha deixa entender que certas *nullidades* ficam na disponibilidade de determinados interessados. Trata-se do alicerce da futura anulabilidade, base ontológica da confirmação.

---

[164] *Idem*, 63.
[165] *Idem*, § 99 (58).

§ 10.º O Código de Seabra (1867)

29. *Dispositivos legais*

I. A expressão "confirmação" surgia no Código Civil de Seabra (1867)[166], a propósito da sanação dos actos da mulher casada, viciados por falta do consentimento do marido. Na base tínhamos o artigo 1200.º, que dispunha[167]:

> A nullidade, precedida da falta de auctorisação, só póde ser allegada pelo marido, ou por seus herdeiros e representantes.

Prosseguia, depois, o artigo 1201.º:

> A nullidade por falta de auctorisação póde ser sanada:
>
> 1.º Pela confirmação do marido, não se achando proposta em juízo, por terceiro, acção nenhuma a este respeito;
> 2.º Se não for arguida dentro de um anno, contado desde a dissolução do matrimonio;
> 3.º Se o acto houver prescripto, conforme as regras geraes.

A doutrina da época não autonomizava o conceito: Dias Ferreira limitava-se a dizer que a nulidade (relativa) resultante da falta de autorização podia ser "sanada" pelo marido.

---

[166] O termo já constava do artigo 1201.º do projecto; *vide* o *Projecto de Codigo Civil Portuguez* (1867), 190.

[167] A evolução desta matéria pode ser seguida em JOSÉ DIAS FERREIRA, *Codigo Civil Portuguez Annotado*, II, 2ª ed. (1895), 428-430. Na 1ª ed., *vide* a pequena nota do III volume (1872), 135.

60   *A experiência portuguesa*

II. O conceito mais próximo da actual confirmação é o de ratificação: na linha etimológica da *ratihabitio*. Assim, segundo o artigo 696.º[168]:

> O contracto nullo, por incapacidade, erro ou coacção, póde ser ratificado, tendo cessado o vício, ou o motivo da nullidade, e não occorrendo outro que invalide a mesma ratificação.

No domínio do mandato – que, então, envolvia representação[169] – dispunha o artigo 1351.º[170]:

> Os actos que o mandatario pratica em nome do seu constituinte, mas fóra dos limites expressos do mandato, são nullos em relação ao mesmo constituinte, se este não os ratificou tacita ou expressamente.

A ratificação surgia na gestão de negócios. Segundo o artigo 1724.º[171]:

> Se o proprietario, ou aquelle a quem pretence o negocio, ratificar a gestão, e quizer aproveitar-se dos commodos e proveitos que d'ella provierem, será obrigado a indemnisar o gestor das despezas necessarias que houver feito, e dos prejuizos que tiver padecido por causa da dicta gestão.

A ratificação vinha ainda referida no artigo 1725.º, explicando o 1726.º:

> A ratificação da gestão produzirá os mesmos effeitos que produziria o mandato expresso.

III. A lei encontrava-se no estado de indiferenciação da *ratihabitio*, próprio do período pré-pandectístico. Com efeito, era manifesto que a ratificação de *contractos nullos* não podia corresponder à ratificação de *actos do mandatario (…) fora dos limites expressos do mandato* nem ao *ratificar a gestão*. Quanto à *confirmação do marido* relativa à *nullidade por falta de auctorisação*: seria, ainda, algo de distinto.

---

[168] José Dias Ferreira, *Codigo Civil Portuguez Annotado* cit., II, 2ª ed., 41.
[169] *Vide* o nosso *Tratado* I/4 (2005), 53.
[170] José Dias Ferreira, *Código Civil Portuguez Annotado*, III, 2ª ed. (1898), 22.
[171] José Dias Ferreira, *Código Civil Portuguez Annotado* cit., III, 2ª ed., 274.

§ 10.° O Código de Seabra (1867)   61

Caberia à doutrina, através de um estudo integrado dos textos e dos regimes, fixar as diferenciações que se impunham.

30. *Guilherme Moreira*

I. Os primeiros exegetas do Código de Seabra – com relevo para o *Codigo Annotado* de Dias Ferreira, aliás notável – não se detiveram perante a "ratificação" e o mosaico que ela representava. De resto e no que toca aos *contractos nullos*: impunha-se, primeiro, uma destrinça entre os tipos de nulidade, numa verdadeira teoria da ineficácia.

> A contraposição, nos *actos nullos*, entre *actos inexistentes* ou *absolutamente nullos* e *actos rescindíveis* ou *anullaveis* coube a Guilherme Moreira[172].
>
> A *inexistencia* ou *nullidade absoluta* advinha da falta de requisitos legalmente necessários: declaração de vontade, objecto possível, formalidades legais e capacidade[173]. O negócio absolutamente nulo não produz nenhum efeito. Caso as partes viessem, depois, a realizar o acto nas condições legais, seria um novo negócio jurídico. A acção de nulidade poderia ser proposta a todo o tempo[174].
>
> A *annullabilidade ou rescindibilidade* do negócio é relativa: só pode pedir a rescisão a pessoa em relação à qual se dá a incapacidade ou o vício da vontade.

II. Guilherme Moreira introduz a confirmação precisamente aquando da explicação da essência da anulabilidade. Eis o texto[175]:

> Da natureza da annullabilidade resulta tambem que, produzindo o negocio juridico effeitos emquanto não for declarado inefficaz, a sua nulli-

---

[172] GUILHERME ALVES MOREIRA, *Instituições do Direito Civil Português*, volume I – *Parte geral* (1907), § 42 (508 ss., 510).

[173] GUILHERME MOREIRA, *Instituições* cit., 1, 511, exemplificava com o testamento de um menor de 13 anos, com a venda verbal de bens imobiliários e com a obrigação que vise a prática de um crime.

[174] GUILHERME MOREIRA, *Instituições* cit., 1, 512, cita aqui o brocardo *quod ab initio vitiosum est, non potest tractu temporis convalescere*.

[175] GUILHERME MOREIRA, *Instituições* cit., 1, 515.

dade resulta desta declaração, podendo esse negocio juridico ser confirmado ou ratificado, e considerando-se irrevogavel se, tendo sido executado, a acção para a rescisão não for proposta dentro dos prazos que a lei fixa para esse effeito.

A confirmação ou não confirmação representam um acto unilateral: razão pela qual, diz Moreira, se poderia admitir uma rescisão por declaração, à semelhança da solução alemã: outra seria, porém, a solução da lei portuguesa, que exige uma acção[176].

Subsequentemente, Guilherme Moreira vai estudar, explicitamente, a ratificação, tal como resulta do artigo 696.º do Código de Seabra[177]. Aponta os seus requisitos[178]:

> É necessario, pois, não só que haja cessado o vicio ou motivo que determina a nullidade deste, mas que não se dê qualquer outro vicio que invalide o novo acto juridico.

Pela ratificação não se realiza um novo contrato: "... apenas se valida um contrato rescindivel". O Autor explica, depois, a inexigência de forma especial e a possibilidade de *ratificação tacita*.

III. Os textos de Guilherme Moreira são decisivos: marcam a recepção do pandectismo e conferem, aos institutos, a feição germânica que conservam. A doutrina das invalidades, mau grado algumas oscilações de linguagem, é a que hoje vigora. O tema da anulabilidade, apesar da ondulação vocabular entre anulação e rescisão, encostou-se, definitivamente, ao da nulidade e não ao dos diversos direitos potestativos de fazer cessar uma relação.

Quanto à confirmação: Moreira introduz essa locução, embora use, também, ratificação, sobretudo quando se trate de analisar o artigo 696.º. Os seus perfis são os actuais. E desde logo ficou claro que essa figura só pode assistir aos negócios anuláveis: nunca aos (absolutamente) nulos onde qualquer reparação a levar a cabo pelas partes só poderia dar azo a um novo contrato.

---

[176] GUILHERME MOREIRA, *Instituições* cit., 1, 515-516.
[177] GUILHERME MOREIRA, *Instituições* cit., 1, 518-519.
[178] GUILHERME MOREIRA, *Instituições* cit., 1, 519.

§ 10.º O Código de Seabra (1867)   63

Apenas faltou um tratamento alargado da "ratificação". Tivesse ele sido realizado e por certo Guilherme Moreira explicaria que a ratificação do mandante e a do *dominus negotii* não se confundem com a confirmação.

31. *Cunha Gonçalves*

I. Ao tempo de Cunha Gonçalves – vinte anos sobre as *Instituições* de Guilherme Moreira – estava já clara a teoria das invalidades dos contratos. Cunha Gonçalves, logo a propósito do artigo 10.º, do Código de Seabra, distingue as figuras da inexistência legal, da nulidade absoluta, da nulidade relativa ou anulabilidade e da rescindibilidade dos actos jurídicos[179]. Fica, assim, facilitada a tarefa para o estudo da confirmação, relativamente à qual são antecipados elementos importantes[180].

II. A análise alargada sobre a confirmação vem a ser realizada a propósito do artigo 696.º, do Código de Seabra. Deixa-nos a definição seguinte[181]:

> Ratificação é, pois, o acto jurídico pelo qual um dos contraentes faz desaparecer o vício de que estava inquinada a sua obrigação, renunciando à acção anulatória, ou ao direito de opor a respectiva excepção. A ratificação implica, portanto, uma renúncia; mas nem toda a renúncia constitui uma ratificação, por exemplo, a renúncia à prescrição, a um crédito, etc..

Isto posto, Cunha Gonçalves vem (finalmente!) sublinhar a polissemia de "ratificação". Vale a pena reter o texto em jogo[182]:

> A palavra *ratificação* foi, porém, empregada no art. 696.º com pouca propriedade; e preferível seria o termo "*confirmação*", usado no art. 1201.º, ou "*revalidação*", visto que *ratificação* – do latim *ratihabitio* – é a aprovação dos actos que alguém praticou em nome e possível proveito do ratificante (v. arts. 1351.º e 1726.º).

---

[179] Luiz da Cunha Gonçalves, *Tratado de Direito civil* 1 (1929), 386 ss..
[180] *Idem*, 400 ss..
[181] Luiz da Cunha Gonçalves, *Tratado de Direito civil* 4 (1931), 467.
[182] *Idem*, loc. cit..

E prossegue[183]:

> Ratificar é *aprovar*: não é renunciar ou desistir dum direito ou duma acção. Não se deve também confundir a ratificação com o *reconhecimento do direito alheio*; pois quem reconhece uma obrigação confere, confessa apenas que ela se formou, mas não que ela é válida, ou não renuncia ao direito de reclamar a sua anulação (…)

A ratificação é depois apresentada como acto unilateral, estudando-se os seus requisitos e a possibilidade de ser tacitamente emitida[184].

III. O teor multifacetado da velha *ratihabitio* é assumido. Denote-se uma aproximação da confirmação à ideia de renúncia ao direito de impugnar, um tanto ao sabor da pandectística tardia. Esta não faz parte das fontes directas de Cunha Gonçalves; atente-se, porém, em que Aubry e Rau, na sequência de Zachariae, constituíram, com probabilidade, a correia de transmissão do germanismo.

---

[183] *Idem*, loc. cit., com diversas citações de doutrina francesa: a anotação de Cunha Gonçalves relativa ao artigo 1201.º, 1.º, pouco permite avançar; *vide* o seu *Tratado de Direito civil*, 6 (1932), 816-817.

[184] Luiz da Cunha Gonçalves, *Tratado de Direito civil* cit., 4, 467-468.

§ 11.º O Código Vaz Serra (1966)

32. O pandectismo tardio (Galvão Telles, Manuel de Andrade e Dias Marques)

I. O civilismo nacional subsequente a Guilherme Moreira intensificou a recepção do pandectismo alemão e, com naturalidade, da própria doutrina alemã do entre guerras. Esse movimento mais se acentuou com a publicação do Código italiano de 1942.

Impõe-se uma referência, de entre as obras oficialmente publicadas, à 1ª edição de *Dos contratos em geral*, de Inocêncio Galvão Telles[185]. Encontramos, aí, uma exposição da teoria da ineficácia e da invalidade do tipo da hoje adoptada. A contraposição entre actos nulos e anuláveis também não oferece dúvidas[186]. Quanto à confirmação: ela seria possível, apenas, relativamente aos actos anuláveis[187]: traduz um negócio unilateral, pelo qual o sujeito renuncia ao direito à anulação do acto. Perante um contrato nulo, impor-se-ia a celebração de novo acto[188].

II. Relevante foi, também, a *Teoria geral da relação jurídica*, de Manuel de Andrade: reportamo-nos à edição de 1953, de Ricardo Velha[189]. Também aí surge uma moderna doutrina da ineficácia, ainda que mantendo a velha terminologia das "nulidades absolutas" e "relativas". A confirmação é apresentada como[190]:

---

[185] Inocêncio Galvão Telles, *Dos contratos em geral*, Lições proferidas no ano lectivo de 1945-46 (1947), 287 ss.. A 3ª ed. data de 1966: *vide*, aí, 329 ss..

[186] *Idem*, 292 ss..

[187] *Idem*, 294.

[188] *Idem*, 297.

[189] Manuel Augusto Domingues de Andrade, *Teoria geral da relação jurídica*, por Ricardo Velha (1953, polic.), 424 ss.; na edição de 1960, II volume, *vide* 411 ss..

[190] Manuel de Andrade, *Teoria geral da relação jurídica* (ed. Ricardo Velha) cit., 433.

(...) o acto pelo qual as pessoas legitimadas para arguir a nulidade declaram que prescindem de a invocar aprovando o negócio não obstante o vício de que enferma.

O Autor descarta "ratificação": mais adequada para o domínio da representação sem poderes[191]. Pois bem: a confirmação não seria possível para os negócios feridos de "nulidade absoluta"; aí, apenas se poderia recorrer à renovação do contrato[192]. Já nos negócios apenas "relativamente nulos", a confirmação seria operacional, traduzindo a renúncia ao direito potestativo de invocar a nulidade[193].

III. Finalmente, seleccionamos José Dias Marques, nas lições de 1957-58[194]. Sob o título "valor do negócio jurídico", deparamos com uma teoria actualizada das ineficácias. Tem mesmo desenvolvimentos superiores ao habitual e que poderão ser retomados, perante o Direito vigente. A confirmação é identificada, distinguindo-se da sanação[195].

33. *O anteprojecto de Rui de Alarcão*

I. Todos estes elementos pesaram decisivamente na preparação do Código Civil de 1966. Desde logo, seria oficializada a doutrina actualizada das invalidades, com relevo para a contraposição entre a nulidade e a anulabilidade.

No tocante à confirmação – expressão adoptada – o anteprojecto de Rui de Alarcão propôs, num artigo 6.º[196]:

1. A anulabilidade pode ser sanada por confirmação.
2. A confirmação compete à pessoa a quem pertence o direito de anular o negócio e só produz o seu efeito quando se realiza depois de

---

[191] *Idem*, loc. cit..

[192] *Idem*, loc. cit..

[193] *Idem*, 439.

[194] J. DIAS MARQUES, *Teoria geral do Direito civil*, II, Lições ao Curso de 1957-58 (1959), 217 ss. e, já como ineficácia, 269 ss..

[195] *Idem*, 243-244.

[196] RUI DE ALARCÃO, *Invalidade dos negócios jurídicos/Anteprojecto para o novo Código Civil*, BMJ 89 (1959), 199-269 (227), já citado.

cessado o vício que constitui motivo de anulabilidade, havendo consciência de tal vício e do direito de anulação.

3. O negócio confirmativo pode ter lugar expressa ou tacitamente, e não depende de forma especial.

4. A confirmação opera retroactivamente, mesmo em relação a terceiros.

O texto proposto está muito próximo do que passaria a lei, em 1966.

II. Na justificação de motivos, verifica-se uma especial aderência à doutrina de Manuel de Andrade, ainda que com uma actualização terminológica. Rui de Alarcão deixa bem claro que a confirmação só se aplica aos negócios anuláveis[197]:

> Se um negócio nulo não pode ser *confirmado*, pode, todavia, ser *renovado* ou *reiterado* – concluído *de novo*, em suma, com eficácia, portanto, apenas para o futuro.
>
> (...)
>
> A verdadeira e própria *nulidade*, portanto, não poderá ser sanada por confirmação, mas poderá sê-lo a *anulabilidade*.

34. *O Código Civil; remissão*

I. A confirmação passaria ao Código Civil: artigo 288.º. Além disso, esse diploma referiria a confirmação, em numerosos outros preceitos, já levantados e agrupados: para aí remetemos[198].

II. Cumpre reter um triplo nível problemático:

– a reconstrução da teoria das ineficácias;
– o uso polissémico de "confirmação" e a necessidade da sua precisa delimitação;
– a construção dogmática da própria confirmação.

Trata-se de matéria a que iremos consagrar a segunda parte deste estudo.

---

[197] *Idem*, 229; os itálicos pertencem ao original.
[198] *Supra*, n.º 1.

PARTE DOGMÁTICO-SISTEMÁTICA

CAPÍTULO V
TEORIA DA INEFICÁCIA

§ 12.º As invalidades e a ineficácia

35. *Súmula evolutiva*

I. No Direito romano não operava qualquer teoria geral da ineficácia: ela seria, de resto, contrária à feição geral do ordenamento romano. Muitas das subtilezas da invalidade e da ineficácia dos negócios jurídicos já haviam sido surpreendidas pelos empíricos jurisprudentes[199]: ao longo do tempo, elas seriam aproveitadas, estando na base, através de sucessivas generalizações e abstracções, da actual teoria da ineficácia.

II. A referência a *nullus*, a propósito de um negócio, equivalia à afirmação da sua não-existência[200]. Surgia, ainda, referência a *rescindere*, enquanto a situação *pro infecto* era aproximada mais da ineficácia do que da nulidade[201]. Muitas outras expressões similares surgem nas fontes[202].

---

[199] Cf., como obra de referência, ainda que incompleta: Santi di Paola, *Contributi a una teoria della invalidità e della inefficacia in diritto romano* (1966), 126 pp.. Com muitos elementos: Massimo Brutti, *Invalidità (storia)*, ED XXII (1972), 560-575 e Antonio Masi, *Nullità (storia)*, ED XXVIII (1978), 859-866.

[200] Salvatore Tondo, *Invalidità e inefficacia del negozio giuridico*, NssDI VIII (1962), 994-1003 (996/I); *vide*, quanto às fontes, di Paola, *Contributi* cit., 72 ss., bem como Masi, *Nullità (storia)* cit., 859-860.

[201] di Paola, *Contributi* cit., 93 ss.. A exegese de textos pode ser vista em Filippo Messina Vitrano, *La disciplina romana dei negozi giuridici invalidi*, I – *I negozi 'juris civilis' sotto condizioni illecita* (1922), 91 pp. e II – *La compra dell' attore dall'obbietto litigioso fatta scientemente* (1924), 16 pp..

[202] É clássica a obra de F. Hellmann, *Terminologischen Untersuchungen über die rechtliche Unwirksamkeit im römischen Recht* (1914), 308 pp.. Relevamos, como exem-

Em Ulpiano, encontramos um texto significativo, muito citado[203]:

(...) ut eleganter dicat Pedius nullum esse contractum, nullam obligationem, quae non habeat in se conventionem, sive re sive verbis fiat: nam est stipulatio, quae verbis fit, nisi habeat consensum, nulla est.

Perante negócios que violassem proibições legais, o pretor negava, pura e simplesmente, a acção[204]. Quanto à anulabilidade: o negócio *quasi nullus* ou *quasi inutilis* deixou rastos nas fontes[205]. Também a nulidade parcial, na base da actual redução, era conhecida[206].

III. Na subsequente evolução das ineficácias, teria um papel importante a *in integrum restitutio*. Trata-se de um remédio a conceder pelo pretor e que permitia rescindir um negócio que, embora válido em si, fora concluído na base de circunstâncias que tornariam iníqua a sua execução[207]. A *restitutio* era suficientemente ampla e vaga para, ao longo dos séculos, vir a cobrir as mais distintas situações.

IV. Na sequência retratada foi importante a actuação de Bártolo, que veio contrapor o *ius dicendi nullum* ao *iure rescindens*[208]. A *nullitas* ope-

---

plos: *nullum esse*; *non valere*; *nullas vires habere*; *effectum non habere*; *inefficax esse*; *pro non haberi*; *non intellegi*; *non consisteri*; *nihil agere*; *inutilis*; *irritus*; *ratum non haberi*; *vitiusum esse*; *non licere*; *prohiberi*; *obstare*; *corrumpere*; *non nocere*; *non temeri*; *non obligari*.

[203] ULPIANO, D. 2.14.1.3 = BEHRENDS e outros, *Corpus Iuris Civilis* cit., 2, 225. Cf. KASER, *Das römische Privatrecht* cit., 1, 2ª ed., § 60 (246 ss.) e HEINZ HÜBNER, *Zum Abbau von Nichtigkeitsvorschriften*, FS Wieacker (1978), 399-410 (399).

[204] MAX KASER, *Über Verbotsgesetze und Verbotswidrige Geschäfte im römischen Recht* (1977), 9 ss. e 111.

[205] RENATO QUADRATO, *Sulle trace dell'annulabilità/Quasi nullus nella giurisprudenza romana* (1983), 7 ss. e 61 ss..

[206] STANISLAU CUGIA, *La nullità parciale del negozio giuridico nel D. 24.1* (1922), 48 pp. e GIOVANNI CRISCUOLI, *La nullità parziale del negozio giuridico/Teoria generale* (1959), 17 ss..

[207] GIULIANO CERVENCA, *"Restitutio in integrum"*, NssDI XV (1968), 739-744 (740/ II ss.). Cf. GAETANO SCIASCIA, *"Restitutio in integrum"*, NDI XI (1939), 493-494.

[208] GEORGES RENARD, *L'idée d'annulabilité chez les interprètes du droit romain au Moyen-Âge*, NRH 1903, 214-249 e 327-364 (225), com indicação das fontes.

rava *ipso iure*, enquanto a anulabilidade[209] obrigaria a uma especial actuação do interessado, justamente através da velha *in integrum restitutio*: a rescisão. Os reflexos desta técnica foram claros nos jurisprudentes e na antiga experiência francesa, como vimos[210].

36. *A problemática periférica*

I. A evolução continental das ineficácias não nos deve fazer perder de vista a sua essência existencial. Na verdade, as tentativas de sistematização, que atingiram em Savigny um ponto alto, são apenas subsequentes ao surgimento disperso dos mais diversos problemas, problemas esses que foram obtendo soluções empíricas e periféricas: no sentido de não comportarem qualquer plano inicial de conjunto, para além, naturalmente, de obedecerem às grandes aspirações do ordenamento.

II. Numa linha de crescente complexização, podemos apontar:

– a pura ausência de qualquer negócio;
– o negócio que, por violar leis imperativas, não seja juridificado pelo Direito;
– o negócio que, embora efectivo, possa ser impugnado ou destruído por algum interessado;
– o negócio que não tenha percorrido todo o seu *iter* formativo, não produzindo, por isso, os seus efeitos plenos;
– o negócio que, embora perfeito, não tenha acompanhado todas as formalidades para uma eficácia global;
– o negócio que, embora perfeito e devidamente acompanhado por todas as suas formalidades, tenha vindo a incorrer numa previsão que lhe restrinja os efeitos.

Podemos encontrar exemplos ilustrativos actuais para estas diversas hipóteses. Assim, teremos, sucessivamente:

---

[209] BÁRTOLO não chega a propor um termo para a designar; antes surgem, na sua obra, as expressões *debilitas* e *invaliditas*: RENARD, *L'idée d'annulabilité* cit., 327-328.
[210] *Supra*, nº 21.

74   *Teoria da ineficácia*

- o negócio aparente ou falsamente invocado;
- o negócio impossível ou proibido por lei expressa;
- o negócio obtido com dolo;
- o negócio dependente de redocumentação ou de autorização específica;
- o negócio não registado;
- o negócio concluído por insolvente.

III. Estas diversas hipóteses foram surgindo em épocas históricas muito diferentes, obedecendo a Ciências Jurídicas distintas. Em comum, muito pouco: apenas (mas é quanto basta!) o facto de, perante um *quid* humano, não surgirem os efeitos que se poderiam esperar.

Devemos ir mais longe: os seis termos acima exemplificativamente apontados não são unitários. No seio de cada um deles estão reunidas, por puras razões de semelhança periférica, situações histórica e dogmaticamente distintas. É de esperar que, por essa via, ainda hoje se alberguem diferenças. Particularmente frágil é, de resto, a categoria dos actos "impugnáveis": a que está na origem, precisamente, da actual anulabilidade.

37. *O caso extremo da anulabilidade*

I. Os desenvolvimentos correntes podem levar a pensar que a anulabilidade se desprendeu da nulidade: nesta, uma versão menos grave teria originado as (meras) nulidades relativas, depois reconvertidas linguisticamente em anulabilidades. Não foi assim: nem histórica, nem dogmaticamente. As hipóteses hoje reconduzidas à anulabilidade tiveram origem autónoma e, além disso, nem sequer são unitárias.

Um núcleo importante tem origem na *in integrum restitutio*, do pretor, como foi referido. Ora a *restitutio* foi sendo concedida perante questões concretas: *dolus malus*, *metus*, *vis* e *error*. Situações distintas, como a *laesio*, também permitiam a *restitutio*, mas com regras diferentes. Basta pensar, hoje, na específica anulabilidade originada pelos negócios usurários, para ilustrar uma projecção vigente dessa atormentada história.

II. A terminologia alemã (*Anfechtbarkeit* ou impugnabilidade) permite documentar melhor as asserções produzidas. *Anfechten*, de *fechten*, corresponde ao latim *pugnare*, de *pugnus*, grego πυχτεύειν, de πύξ, movi-

§ 12.° As invalidades e a ineficácia 75

mento ofensivo[211]. Ora tal "movimento", já no Direito romano, era admitido numa multiplicidade de situações.

A possibilidade de impugnar um negócio traduz, por si, um valor próprio autónomo. É interiorizado, como tal, pelo beneficiário. Além disso,
na medida em que obtenha – e obtém – um espaço regulativo autónomo, a
impugnabilidade surge como uma valoração independente do ordenamento.
Compreende-se, assim, que ela possa concorrer com a própria nulidade:
admite-se a anulação de negócios nulos, pelo menos em princípio[212].

III. O interesse doutrinário alemão pelos temas da invalidade e da
ineficácia denotou-se, logo, perante o Código Napoleão[213]. Daí resultaria
uma carga doutrinária que permitiu, ao BGB, a tarefa pioneira de contrapor, em lei, a nulidade à anulabilidade. Seguiram-se múltiplos estudos
destinados a precisar a matéria[214].

A questão tornou-se ainda mais complexa por, no BGB, se preverem
outras categorias não coincidentes com a invalidade e, designadamente, a
ineficácia[215]. A área sensível dos efeitos da anulabilidade, perante terceiros, obteve especial atenção[216], outro tanto ocorrendo com certos tipos de
anulabilidade[217].

---

[211] Vide MARTIN BRUCK, Die Bedeutung der Anfechtbarkeit für Dritte/ein Beitrag zur
Lehre vom Rechtsgeschäft (1900), 2-3.

[212] KURT KUBASCHEWSKI, Die Anfechtbarkeit des nichtigen Rechtsgeschäfts (1911),
14 e 45 ss..

[213] Temos em mente o clássico de BERNHARD WINDSCHEID, Zur Lehre des Code Napoleon von der Ungültigkeit der Rechtsgeschäfte (1847, reimp., 1969).

[214] Como exemplos: KUBASCHEWSKI, Die Anfechtbarkeit cit., 32 ss., FRIEDRICH EH-
LERT, Nichtigkeit, Anfechtbarkeit und Unwirksamkeit im Bürgerlichen Gesetzbuche (1919),
149 ss., 178 ss. e 215 ss. (quanto à ineficácia) e HEINRICH LANGE, Die Eindämmung von
Nichtigkeit und Anfechtbarkeit, AcP 144 (1937/38), 149-164.

[215] WILHELM FIGGE, Der Begriff der Unwirksamkeit im B.G.B. (1902), 17 ss. (em sentido amplo) e 23 ss. (em sentido estrito), KURT ALEXANDER, Der Begriff der Unwirksamkeit im
B.G.B. (1903), 16 ss., 21 ss. e 63, quanto às ineficácias ampla e estrita e 26 ss. e 57 ss., quanto
às ineficácias absoluta e relativa e RICHARD MARKWALD, Der Begriff der Unwirksamkeit im Bürgerlichen Gesetzbuche (1903), 14 ss. e 30 ss., distinguindo uma weitere Unwirksamkeit e uma
reine Unwirksamkeit. Uma análise sistemática de conjunto pode ser vista em DIETER COLLIER,
Nichtigkeit und Unwirksamkeit im System der bürgerlichen Rechtsordnung (1967), 132 pp..

[216] Recordamos MARTIN BRUCK, Die Bedeutung der Anfechtbarkeit für Dritte (1900),
já citado, 98 pp..

[217] ERNST BION, Die Anfechtbarkeit von Willenserklärungen wegen Rechtsirrtums
(1939), 5 ss. e 16 ss..

IV. Como herança dos antecedentes dispersos, a invalidade figuraria no BGB com flutuações terminológicas e de regime. Também no Código Civil de 1966 isso sucederia: uma consequência das origens periféricas e, ainda, de recepções sucessivas de sistemas (o napoleónico e o pandectístico) que sofriam, eles próprios, de flutuações similares. Bastará, como exemplos, comparar os regimes das anulabilidades próprias dos actos do menor (125.º e 126.º), do erro sobre os motivos (252.º/1), do dolo (254.º), da incapacidade acidental (257.º), do negócio consigo mesmo (261.º), da usura (282.º/1) ou da venda a filhos ou netos (877.º). Toda esta matéria sofre ainda o influxo de novos tipos de invalidade relacionados com as cláusulas contratuais gerais e a tutela do consumidor[218].

Todavia: sobre toda esta diversidade vem agir a Ciência do Direito: normalizando soluções, limando arestas, corrigindo excessos e fixando pontos inultrapassáveis, sob pena de maiores prejuízos para os direitos das pessoas e a lógica do sistema.

38. *O sistema de Savigny*

I. O quadro actual das invalidades, tal como lograria consagração no BGB e nas codificações subsequentes, ficou a dever-se, em grande parte, a Savigny[219]. A este pode ser imputada a anulabilidade moderna: a título de descoberta[220].

Com efeito, a possibilidade de deter certos actos, através da *in integrum restitutio* romana ou da acção de rescisão dos parlamentos franceses anteriores à Revolução, podia ser vertida em esquemas modernos que exprimissem, de modo directo, um direito potestativo de fazer cessar o contrato. Teríamos algo a conduzir às vias da resolução, da denúncia ou da revogação[221]. Nos princípios do século XIX, todavia, a temática dos direi-

---

[218] *Vide* alguns elementos em Pietro Maria Putti, no *Trattato di diritto privato europeo*, org. Nicolò Lipari, III – *L'attività e il contratto* (2003), 452 ss. e Luciano di Via, *idem*, 635 ss..

[219] Savigny, *System* cit., 4, 536 ss..

[220] Manfred Hardner, *Entwicklung der Anfechtbarkeit von Willenserklärungen*, AcP 173 (1973), 209-226 (216).

[221] Apoiamo-nos, em parte, nas considerações de Hardner, *Entwicklung der Anfechtbarkeit* cit., 209 ss..

§ 12.° As invalidades e a ineficácia

tos potestativos estava ainda incipiente. Savigny optou, assim, por abordar a questão pelo prisma da invalidade, isto é: pelo do *status* da própria "relação jurídica" visada.

II. Savigny insere o tema no campo da invalidade (*Ungültigkeit*). Esta ocorreria quando um facto jurídico não produzisse todos os efeitos que, em princípio, lhe corresponderiam. Ela poderia ser plena ou não-plena: no primeiro caso, o facto não produziria nenhum efeito: seria a nulidade. A segunda hipótese (a da invalidade não-plena) abrangeria diversas possibilidades. Savigny enumera[222]:

- a presença de uma acção (*actio metus* ou a *pauliana*);
- a actuação de uma excepção (a *exceptio doli*);
- a existência de uma obrigação que contrariaria a eficácia do facto (a de restituição de bens dotais);
- a ocorrência da *restitutio*;
- a *bonorum possessio contra tabulas*.

A tudo isto chama Savigny a "impugnabilidade de uma relação jurídica", impugnabilidade essa que, nas línguas latinas, foi vertida para "anulabilidade". Assim, enquanto na nulidade estaríamos perante uma pura negação, na anulabilidade assistir-se-ia à presença de um direito contrário, na esfera de uma pessoa.

III. A ideia de Savigny conferiu um grande poder gravitacional à teoria da invalidade/ineficácia. Esta assumiria, ao longo do século XIX, uma especial capacidade de absorção. Assim, poderiam estar em jogo situações referentes:

- à ilicitude dos actos;
- a vícios genéticos dos negócios;
- a ocorrências posteriores que ditassem a cessação de certos efeitos;
- à incompleitude dos processos de produção negocial;
- a esquemas processuais destinados a deter o andamento das acções.

---

[222] SAVIGNY, *System* cit., 4, 537; os exemplos são os do próprio SAVIGNY, em sucessivas notas de rodapé.

O negócio jurídico seria prejudicado na sua eficácia quando ultrapassasse as margens legais para ele fixadas ou quando, na sua formação, tivessem ocorrido desconformidades; essa mesma eficácia pode cessar, na sua vigência, através de actos a tanto destinados; na sua base, a lei pode exigir um processo complexo de cuja compleitude dependa uma eficácia plena; por fim, a técnica processual das acções/excepções oitocentistas apresentava, como instrumento de não-eficácia, a própria possibilidade de mover excepções[223].

IV. A evolução posterior pode ser enquadrada em dois parâmetros: a simplificação e a substancialização. A simplificação resulta da tendência para reduzir, através de generalizações ou de depurações, as diversas figuras de ineficácia. A substancialização exprime a conversão das figuras puramente processuais em realidades substantivas.

O manuseio substantivo das realidades que interfiram nos modelos de decisão pode considerar-se adquirido para a Ciência do Direito. Em compensação, o movimento destinado a simplificar o quadro das ineficácias exprime apenas um motor de oscilação pendular do fenómeno. Por um lado, subsistem traços das diversidades de origem. Por outro, manifestam-se tendências diversificadoras ligadas ao casuísmo de certas intervenções legislativas. Deste modo, ora se conservam, ora se promovem figuras variadas, nem sempre redutíveis aos quadros preestabelecidos da ineficácia.

Nas últimas décadas a evolução cifra-se, entre nós, no sentido duma certa multiplicação de manifestações de ineficácia.

39. *O quadro clássico*

I. Na sequência do sistema de Savigny, foi apurado um quadro geral das ineficácias e invalidades a que chamaremos "clássico". Na base, temos a ineficácia em sentido amplo: abrange todas as manifestações nas quais um negócio não produza (todos) os efeitos que, em princípio, ele se destinaria a produzir. Tal ineficácia ampla analisa-se em vários tipos distintos, através dos quais se viabiliza a formação dos modelos de decisão.

---

[223] Por exemplo, em HEISE enumeravam-se, como falhas no negócio jurídico, a nulidade, a infirmação ou rescisão, a convalescência e a conversão – *vide* HARDNER, *Die historische Entwicklung der Anfechtbarkeit von Willenserklärungen* cit., 217.

§ *12.° As invalidades e a ineficácia*   79

A primeira contraposição distingue, no seu seio, a invalidade da ineficácia em sentido estrito:

– na invalidade, a ineficácia ou não-produção normal de efeitos opera mercê da presença, no negócio celebrado, de vícios ou desconformidades com a ordem jurídica;
– na ineficácia em sentido estrito, o negócio, em si, não tem vícios; apenas se verifica uma conjunção com factores extrínsecos que conduz à referida não-produção.

Na invalidade, por seu turno, cabe subdistinguir a nulidade e a anulabilidade, consoante o regime em jogo. A essas duas figuras seria possível acrescentar a das invalidades mistas ou atípicas.

A tipologia das ineficácias ficaria, assim, articulada:

– ineficácia em sentido amplo:
  • invalidade:
    • nulidade;
    • anulabilidade;
    • invalidades mistas;
– ineficácia em sentido estrito.

Esclarecemos que, pela nossa parte, não reconhecemos a figura da inexistência como vício autónomo. O tema será retomado.

II. A inclusão da invalidade numa ineficácia em sentido amplo corresponde à tradição de Windscheid[224] e parece, em si, bastante clara: assenta na ideia da não-produção cabal de efeitos. A redução dos casos de ineficácia à invalidade e à ineficácia estrita e, designadamente, a exclusão da inexistência já suscitam, no entanto, algumas dúvidas, a que será feita, depois, referência explícita.

Outros quadros são possíveis, tendo sido apresentados, entre nós[225]

---

[224] WINDSCHEID/KIPP, *Pandekten* cit., 1, 82. Trata-se, no essencial, de uma construção já patente em WINDSCHEID, *Zur Lehre des Code Napoleon von der Ungültigkeit der Rechtsgeschäfte* cit., 1 ss., 29 ss. e 76 ss., um dos clássicos neste domínio.

[225] GUILHERME MOREIRA, *Instituições* cit., 1, 508 ss. distinguia a nulidade, mais restrita e implicando um vício, da ineficácia, mais ampla, que incluiria situações em si idóneas, mas incompletas ou condicionadas do exterior; contrapunha, depois, a nulidade ou inexis-

como no estrangeiro[226]. Em última instância, apenas a capacidade para transmitir um determinado regime jurídico-positivo poderá servir de bitola para ajuizar as vantagens ou desvantagens de cada um deles.

III. Perfila-se, nalguma literatura, uma certa tendência para abdicar de cuidados quadros gerais introdutivos, a favor da explanação das diversas figuras em jogo[227]. Deve recordar-se que, reagrupadas embora num ambiente jusracionalístico central, as diversas formas de ineficácia se foram constituindo como tipos dotados de autonomia, desenvolvidos na periferia e, nessa medida, insusceptíveis de suportar classificações geométricas. Nessa linha, será mais oportuno falar em tipologia de ineficácias do que na sua classificação.

---

tência à anulabilidade ou nulidade relativa e excluía a inexistência como vício autónomo. MANUEL DE ANDRADE, *Teoria geral* cit., 2, 411 ss., admitia, em termos similares, a ineficácia como conceito mais amplo e a nulidade como mais restrita. Na primeira, descobria uma ineficácia absoluta e outra relativa, consoante fosse extensiva a todos – mesmo as partes – ou se limitasse a terceiros; contrapunha, depois, uma nulidade absoluta a outra relativa, mas admitia, junto à nulidade, a figura da inexistência. GALVÃO TELLES, *Manual dos contratos em geral*, 3ª ed. cit., 327 ss., apresenta um quadro semelhante ao aqui propugnado e que correspondia, também, em traços largos, ao de PAULO CUNHA, embora com a adenda da inexistência. CASTRO MENDES, *Direito civil (teoria geral)*, 3 (1968), 423 ss., apresentando o que chama "quadros dos valores negativos do negócio jurídico", considera: a *invalidade* e a *irregularidade* e, como "valores negativos de menor importância", a *inoponibilidade* e a *impugnabilidade*; na *invalidade*, distinguia a *inexistência*, a *nulidade* e *anulabilidade*. MOTA PINTO, *Teoria geral do Direito civil*, 3ª ed. (1985), 604 ss. adopta o esquema de MANUEL DE ANDRADE, embora actualizando a terminologia; *vide*, também, a 4ª ed., por ANTÓNIO PINTO MONTEIRO e PAULO MOTA PINTO (2005), 615 ss.. CARVALHO FERNANDES, *Teoria geral do Direito civil*, 2, 3ª ed. (2003), 432 ss., parte duma distinção entre eficácia e validade, na base do negócio ter, em si, susceptibilidade de produção de efeitos ou de subsistência e apresenta um quadro que reúne a inexistência, a invalidade e a irregularidade.

[226] Tem um especial interesse referir a experiência brasileira; cf. JUNQUEIRA DE AZEVEDO, *Negócio jurídico/Existência, validade e eficácia*, 2ª ed. (1986), 31 ss..

[227] Cf., por exemplo, HEINZ HÜBNER, *Allgemeiner Teil des Bürgerlichen Gesetzbuches* (1985), 375 ss. ou mesmo KARL LARENZ/MANFRED WOLFF, *Allgemeiner Teil des deutschen Bürgerlichen Rechts*, 9ª ed. (2004), 796 ss. que, de todo o modo, não deixam de dizer o essencial. De entre as classificações clássicas registe-se a de LEONARD JACOBI, *Die fehlerhaften Rechtsgeschäfte/Ein Beitrag zur Begriffslehre des deutschen bürgerlichen Rechts*, AcP 86 (1896), 51-154 (66 ss.): nulidade, invalidade, ineficácia e impugnabilidade.

IV. Outras distinções, por vezes frequentes, distinguem as ineficácias totais das parciais, consoante o negócio jurídico seja atingido no seu todo ou apenas nalguma ou nalgumas das suas cláusulas[228] e as iniciais das supervenientes, conforme atinjam o negócio à nascença, ou derivem de posteriores alterações legislativas[229].

Trata-se, no entanto, de aspectos que melhor ficam ponderados através dos diversos tipos de ineficácia.

40. *As invalidades*

I. A primeira figura a considerar, no domínio da ineficácia do negócio jurídico, é a da nulidade: quer por razões históricas, quer pelo esquema vigente, ela ergue-se como tipo-matriz no seio da matéria das ineficácias e, mais precisamente, das invalidades.

A lei portuguesa faz surgir a nulidade dos negócios jurídicos nas seguintes situações de ordem geral[230]:

- falta de forma legal – artigo 220.º;
- simulação – artigo 240.º/2;
- reserva mental conhecida pelo declaratário – artigo 244.º/2;
- declaração não séria – artigo 245.º/1;
- declaração feita sem consciência negocial ou sob coacção física – artigo 246.º;
- objecto física ou legalmente impossível, contrário à lei ou indeterminável – artigo 280.º/1;
- contrariedade à ordem pública ou aos bons costumes – artigo 280.º/2;
- fim contrário à lei ou à ordem pública ou ofensivo dos bons costumes, quando seja comum a ambas as partes – artigo 281.º;
- contrariedade à lei imperativa – artigo 294.º.

II. Para além dos referidos, numerosos outros preceitos prevêem casos particulares de nulidade. Assim, são nulos, por exemplo:

---

[228] WINDSCHEID/KIPP, *Pandekten*, 9ª ed. cit., 430.

[229] Por exemplo, LUDWIG ENNECCERUS/HANS-CARL NIPPERDEY, *Allgemeiner Teil des bürgerlichen Rechts*, 2, 15ª ed. (1960), 1212.

[230] Como foi referido, temos vindo a defender que a "inexistência" não tem autonomia; por isso, certos casos ditos de inexistência são reconduzidos à nulidade.

- a limitação voluntária ao exercício dos direitos de personalidade – artigo 81.º;
- os negócios subordinados a condições contrárias à lei, à ordem pública ou ofensiva dos bons costumes, bem como os sujeitos a uma condição suspensiva física ou legalmente impossível – artigo 271.º;
- os negócios destinados a modificar os prazos legais da prescrição ou a facilitá-la ou dificultá-la por outra forma – artigo 300.º;
- a convenção que inverta o ónus da prova, quando se trate do direito indisponível ou a inversão torne excessivamente difícil a uma das partes o exercício do seu direito – artigo 345.º/1 – ou que exclua algum meio de prova ou admita um meio de prova diverso dos legais; *idem*, n.º 2;
- a convenção que afecte determinações legais quanto à prova que tenham por fundamento razões de ordem pública – artigo 345.º/2, *in fine*.

As partes especiais do Código Civil compreendem, por seu turno, variadas outras previsões de nulidade; outro tanto acontece em relação a leis extravagantes, com relevo para o diploma relativo às cláusulas contratuais gerais.

III. As previsões acima explanadas permitem apurar, no seu conjunto, dois grandes fundamentos para a nulidade:
- a falta de algum elemento essencial do negócio como, por exemplo, a vontade ou o objecto;
- a contrariedade à lei imperativa ou, mais latamente, ao Direito.

Os preceitos em jogo não se articulam, entre si, num todo harmónico: o Código Civil de 1966 dispersou a matéria, distribuindo-a, por vezes, em tipos desfocados. Tem-se tentado autonomizar a ideia de nulidade a partir de certos valores subjacentes: ela seria cominada perante os vícios mais pesados do negócio, designadamente quando se colocassem em questão os denominados interesses públicos. As contingências históricas e culturais do Direito não permitem, no entanto, seguir tal via. Basta pensar numa das mais precisas nulidades cominadas pelo Direito: a nulidade formal; não há aí, valores substantivos em jogo claramente determinados.

§ 12.° As invalidades e a ineficácia

A nulidade deriva de qualquer dos dois factores referidos – a falta de elementos essenciais ou a contrariedade à lei imperativa – sendo o relevo dos valores substanciais tão-só um factor de política legislativa ou de interpretação. Em conjunto, esses dois factores esgotam o universo lógico das falhas negociais. Assim – e ainda que por via interpretativa, dado o silêncio da lei – pode concluir-se que a nulidade é o tipo residual da ineficácia: perante uma falha negocial, quando a lei não determine outra saída, a consequência é a nulidade.

IV. A nulidade atinge o negócio em si[231]. Segundo o artigo 286.° e na linha do Direito anterior[232], verifica-se que:

– a nulidade é invocável a todo o tempo;
– por qualquer interessado;
– podendo ser declarada oficiosamente pelo tribunal[233].

Todavia: o próprio Código civil prevê regimes diferenciados para certas nulidades: vejam-se os artigos 242.° e 243.° do Código Civil. A matéria é suficientemente significativa para permitir uma reformulação do quadro das invalidades.

Embora a invocação da nulidade produza certos efeitos, designadamente no campo processual, quando ocorra em juízo, deve entender-se que ela opera *ipso iure*, isto é, independentemente de qualquer vontade a desencadear. A invocação da nulidade não depende de uma permissão normativa específica de o fazer: a permissão é genérica. Acresce que o próprio tribunal, quando dela tenha conhecimento e quando caiba no princípio do dispositivo, deve, *ex officio*, declará-la. Não há, pois, um direito potestativo de actuar a nulidade. É importante frisar que o Tribunal não

---

[231] Cf. WINDSCHEID/KIPP, *Pandekten*, 9ª ed. cit. 1, 431 ss., VON TUHR, *Allgemeiner Teil* cit., II, 1, § 56 (280 ss.), ENNECCERUS/NIPPERDEY, *Allgemeiner Teil*, 15ª ed. cit., 2, 1211 ss., LARENZ/WOLFF, *Allgemeiner Teil*, 9ª ed. cit., 796 ss. e MEDICUS, *Allgemeiner Teil*, 8ª ed. cit., 193.

[232] Cf. GUILHERME MOREIRA, *Instituições* cit., 1, 511 ss., MANUEL DE ANDRADE, *Teoria geral* cit., 2, 417 ss., GALVÃO TELLES, *Manual dos contratos em geral* cit., 333 ss., MOTA PINTO, *Teoria geral*, 3ª ed. cit., 611 ss. = 4ª ed. cit., 620 ss., CASTRO MENDES, *Teoria geral* cit., 2, 290 ss. e CARVALHO FERNANDES, *Teoria geral* cit., 2, 3ª ed., 468 ss..

[233] Cf. RLx 28-Nov.-1996 (CRUZ BROCO), CJ XXI (1996) 5, 113-115 e REv 29-Jan.-1998 (FONSECA RAMOS), CJ XXIII (1998) 1, 265-267 (267/I).

constitui a nulidade do negócio: limita-se a declará-la, de modo a que não restem dúvidas.

O facto de a nulidade ser invocável a todo o tempo não significa que não possam subsistir efeitos semelhantes aos que o negócio jurídico propiciaria, quando fosse válido: assim sucederá quando actue outra causa constitutiva como, por exemplo, a usucapião.

V. Ao contrário da nulidade, a anulabilidade não traduz uma falha estrutural do negócio. Ela apenas nos diz que os valores relativos a uma determinada pessoa não foram suficientemente atendidos, aquando da celebração do negócio. E assim, a lei concede a esse interessado o direito potestativo de impugnar o negócio[234]. Por isso, a anulabilidade[235]:

– só pode ser invocada pelas "...pessoas em cujo interesse a lei a estabelece..." – artigo 287.º/1, do Código Civil;
– e no prazo de um ano subsequente à cessação do vício – *idem*;
– admitindo a confirmação – artigo 288.º.

Caberá, pela interpretação das regras em jogo, verificar se se está perante uma anulabilidade ou se se cai na regra geral da nulidade.

Deve-se ter presente que o Direito anterior distinguia apenas a nulidade absoluta e a relativa, equivalente, grosso modo, à actual anulabilidade. Assim, perante textos anteriores a 1966, quando surja "nulidade" há, pela interpretação, que verificar o tipo de invalidade efectivamente presente. Como exemplo: o artigo 342.º do CCom (de 1888) associa, às reticências (ou falta de informação correcta) no contrato de seguro, a nulidade do mesmo. Trata-se, todavia, de mera anulabilidade[236].

VI. Por razões diversas, a lei tem vindo a criar hipóteses de invalidades que não se podem reconduzir aos modelos puros da nulidade e da anulabilidade. São as chamadas invalidades mistas ou atípicas[237].

---

[234] Deste modo, na linguagem jurídica alemã, anulabilidade diz-se "impugnabilidade".

[235] Cf. RPt 16-Out.-1990 (MATOS FERNANDES), CJ XV (1990) 4, 231-233 (231).

[236] Cf. o nosso *Manual de Direito comercial*, 2ª ed. (2007), 778; STJ 10-Mai.-2001 (BARATA FIGUEIRA), CJ/Supremo IX (2001) 2, 60-62.

[237] Cf. RUI DE ALARCÃO, *A confirmação dos negócios anuláveis* cit., 1, 46, em nota e *passim* e CARVALHO FERNANDES, *Teoria geral* cit., 2, 3ª ed., 462 ss..

Tal será o caso do artigo 410.°/3, na redacção dada pelo Decreto-Lei n.° 379/86, de 11 de Novembro[238]. Quando tais invalidades ocorram, há que, pela interpretação, delucidar os exactos contornos do seu regime[239].

---

[238] Por exemplo: RLx 16-Jan.-1992 (ROSA RAPOSO), CJ XVII (1992) 1, 139-142 e RLx 20-Jan.-1994 (FERREIRA GIRÃO), CJ XIX (1994) 1, 111-114 e RPt 2-Nov.-1999 (TERESA MONTENEGRO), CJ XXIV (1999) 5, 175-177 (177/I).

[239] Cf. o caso discutível do artigo 3.° do Decreto-Lei n.° 385/88 (arrendamento rural): STJ 6-Out.-1998 (TORRES PAULO; vencido: ARAGÃO SEIA), CJ/Supremo VI (1998) 3, 51-55.

§ 13.º Figuras periféricas

41. *A pretensa inexistência*

I. A inexistência é uma categoria controversa, dentro do universo da ineficácia[240]. O problema não se resolve com profissões de fé: antes requer um estudo histórico e dogmático, de base científica.

A actual inexistência surgiu, em termos conjunturais[241], na doutrina napoleónica, para resolver uma questão de interpretação suscitada pelo Código Civil francês e pela doutrina subsequente.

Procurando, ainda no rescaldo da Revolução Francesa, que admitira o divórcio em larga escala, restringir os casos de dissolução do casamento, a doutrina e a jurisprudência fixaram a regra de que "não há nulidade do casamento sem um texto que a pronuncie de modo expresso"[242]. Simplesmente, o texto do Código Napoleão não continha referências à nulidade do casamento em três situações graves: "casamentos" celebrados entre duas pessoas do mesmo sexo; casamentos contraídos sem qualquer forma legal; e casamentos "concluídos" faltando o consentimento dalguma das partes[243]. Para ultrapassar o bloqueio representado pelo brocardo *pas de nullité sans texte*, optou-se, nesses casos, pela presença de um vício ainda mais pesado, que nem careceria de lei expressa: o da inexistência.

---

[240] RUI DE ALARCÃO, *A confirmação* cit., 33 e ss., nega a possibilidade de integrar a inexistência na ideia de ineficácia negocial: ela ser-lhe-ia exterior.

[241] Diz (o insuspeitamente clássico) PIRES DE LIMA, *O casamento putativo no Direito civil português* (1930), 103:

> A doutrina da inexistência é uma doutrina de difícil exposição, tantos foram os aspectos de que os seus defensores lançaram mão para a justificar, sem se preocuparem com uma construção de conjunto e com um sistema harmónico de dedução.
>
> E a razão está em que, essa doutrina, não surgiu dum raciocínio lógico, mas de uma necessidade prática.

[242] Liderante, CssFr 9-Jan.-1821; *vide* MARCEL PLANIOL, *Traité Élémentaire de Droit Civil*, 1.º vol. (1904), 338. Com outras indicações, PIRES DE LIMA, *O casamento putativo* cit., 109.

[243] *Idem*, PLANIOL, ob. cit., 1, 343.

Adquirida, por esta via e no Direito matrimonial, a ideia de inexistência, alguma doutrina francesa procedeu à sua generalização, alargando-a aos diversos actos jurídicos. Desde sempre, porém, houve críticos, directos ou indirectos. Planiol, por exemplo, tentava questionar a regra *pas de nullité sans texte*. Aliás: é óbvio que tal regra não tem o mínimo fundamento em qualquer teoria consistente da interpretação da lei. Os actuais obrigacionistas franceses consideram a doutrina da inexistência "inútil e falsa"[244]. E no próprio Direito matrimonial, a inexistência é, hoje, rejeitada.[245]

II. Em Portugal, a doutrina francesa da inexistência não penetrou com facilidade. Guilherme Moreira considerava-a idêntica à nulidade; apenas no Direito da família admitiria, a título excepcional, a possibilidade da inexistência, como vício mais grave do que a nulidade[246]. Pires de Lima ia mais longe: mesmo no Direito do casamento, a nulidade seria suficiente para enquadrar todas as falhas[247]. Cunha Gonçalves, no entanto, veio admitir, por nítido influxo de alguns autores franceses, essa figura[248]. Raúl Ventura votou contra a inexistência – que equipara à nulidade[249] – mas Manuel de Andrade, a favor, limitando-a, embora, ao domínio do casamento[250]. Galvão Telles tomou posição contrária: os casos pretensamente apresentados como de inexistência legal ou são de inexistência material – não há nada – ou de nulidade (absoluta)[251].

O surto exegético que se seguiria à publicação do Código Civil seria favorável à inexistência, dada a sua consagração verbal no domínio do casamento[252].

---

[244] HENRI e LÉON MAZEAUD/JEAN MAZEAUD/FRANÇOIS CHARAS, *Leçons de Droit civil* – II/1, 9ª ed. (1998), n.º 299 (302).

[245] JEAN CARBONNIER, *Droit civil 1, La famille*, ed. compl. (2004), n.º 627 (1395).

[246] GUILHERME MOREIRA, *Instituições* cit., 510 e nota 1.

[247] PIRES DE LIMA, *O casamento putativo* cit., 127, 137 ss. e *passim*.

[248] CUNHA GONÇALVES, *Tratado* cit., 1, 394 ss.. Este Autor fixava assim um "quadro tripartido de nulidades": inexistência legal, nulidade absoluta e nulidade relativa ou anulabilidade.

[249] RAÚL VENTURA, *Valor jurídico do casamento*, supl. à RFDUL 1951, 35.

[250] MANUEL DE ANDRADE, *Teoria geral* cit., 2, 415.

[251] GALVÃO TELLES, *Contratos em geral* cit., 333.

[252] Assim: MOTA PINTO, *Teoria geral do Direito civil* cit., 3ª ed., 609 = 4ª ed., 617, RUI DE ALARCÃO, *A confirmação* cit., 33-39, CASTRO MENDES, *Teoria geral*, 2 (1978-79, versão revista em 1985), 289-290, CARVALHO FERNANDES, *Teoria geral* cit., 2, 3ª ed., 455 ss.. No Direito da família, cf. ANTUNES VARELA, *Direito da Família*, 4ª ed. (1996), 283 ss..

§ 13.º Figuras periféricas

III. Na discussão quanto à possibilidade de autonomizar a inexistência jurídica, no seio dos vícios do negócio, há que ter clara uma importante distinção, conhecida, aliás, pela generalidade da doutrina: a que separa a inexistência material da inexistência jurídica. Na inexistência material, não haveria nada: faltariam os próprios elementos materiais – por exemplo, as declarações – de que depende um negócio jurídico[253]; pelo contrário, na inexistência jurídica, surgiria ainda uma configuração negocial, a que o Direito retiraria, no entanto, qualquer tipo de ineficácia.

Apenas a inexistência jurídica releva na discussão subsequente. A inexistência material é puramente descritiva: em qualquer momento, o número de negócios que nunca chegaram a existir é infinito: torna-se impensável tomá-los um por um para, daí, fazer uma categoria jurídica operacional.

Neste pé, a autonomia da inexistência (jurídica) depende de, dela, se inferir um regime diferente do de outras ineficácias e, designadamente, do da nulidade.

IV. Logo no Direito da família, a questão é fortemente discutível, na tradição, aliás, de Pires de Lima.

A lei portuguesa distingue, no casamento, os vícios da inexistência e da anulabilidade – artigo 1627.º. A contraposição deveria dar-se entre a nulidade e a anulabilidade: só assim não sucede porque o Código pretendeu deixar disponível a "nulidade" para os casamentos católicos[254] – artigo 1647.º/3. Com esta prevenção, regresse-se à inexistência. Ela distinguir-se-ia da nulidade ou da anulabilidade por vedar, por completo, a produção de quaisquer efeitos. O casamento declarado nulo ou anulado produz efeitos entre os cônjuges de boa fé e os próprios terceiros – casamento putativo, artigo 1647.º: aquele que acredita na aparência de um casamento não deve ser prejudicado pela ineficácia dele. Isso não sucederia com o casamento inexistente; a própria lei o afirma – artigo 1630.º/1. Porém, os vícios que conduzem à inexistência – artigo 1628.º – não são de molde a

---

[253] Assim, para C. Massimo Bianca, *Diritto civile*/III – *Il contratto* (1987), 578 ss. (580), a inexistência traduz um limite para a disciplina da nulidade quando não haja contrato, isto é, quando falte uma situação socialmente qualificável como tal.

[254] A nulidade destes é declarada pelos tribunais canónicos, de acordo com regras próprias.

questionar a aparência do casamento[255]: a pessoa que, de boa fé, acredite nele, merece tanta tutela quanto a concedida a quem creia num casamento declarado nulo ou anulado.

No próprio Direito da família, deve considerar-se em aberto a possibilidade de restringir, pela interpretação, o artigo 1630.º/1 do Código Civil: elaborado com meras preocupações conceptuais, esse preceito – bem como os que se reportam à inexistência – acaba por não ponderar os interesses e os valores em jogo.

V. A transposição da inexistência para o negócio jurídico em geral, num passo que nenhuma lei, aliás, indicia, conduziria a resultados ainda mais inadequados.

O negócio nulo pode produzir alguns efeitos. Por exemplo, a pessoa que, na base dum negócio nulo, receba o controlo material de uma coisa, pode, em certos casos, beneficiar de uma posse que se presume de boa fé – artigos 1259.º/1 e 1260.º/2; o possuidor de boa fé, por seu turno, faz seus os frutos da coisa – artigo 1270.º/1 – até que seja informado da nulidade. A ter consistência, a inexistência jurídica não propiciaria nenhum desses efeitos.

Desse modo, o adquirente de boa fé através de negócio nulo – por exemplo, por simulação, artigo 240.º/1 – ou anulável – por exemplo, por coacção, artigo 256.º – pode beneficiar daqueles esquemas; mas sendo o negócio inexistente – e isso sucederia, porventura, no caso do artigo 246.º (falta de consciência da declaração) – tudo ficaria bloqueado. Repare-se: o adquirente pode ignorar totalmente a "coacção física" de que esteja a ser vítima a contraparte – pense-se numa contratação por *telefax* – ou, *a fortiori*, a sua "falta de consciência da declaração".

Os pretensos casos de inexistência jurídica são, pois, casos de nulidade, sob pena de gravíssimas injustiças, enquadradas por puros conceptualismos.

VI. As preocupações conceptuais que levaram alguns autores a introduzir, na doutrina geral do negócio jurídico, a inexistência, têm ainda outro

---

[255] O próprio "casamento" celebrado entre duas pessoas do mesmo sexo pode provocar a boa fé de terceiros e, até, dos "cônjuges"; como explicava PIRES DE LIMA, há casos de hermafroditismo ou de sexo indeterminado, em que apenas após cuidadas análises, é possível determinar o sexo duma pessoa.

§ 13.º Figuras periféricas 91

efeito pernicioso: facultaram uma expansão dessa pretensa figura noutras áreas, sempre com efeitos nocivos.

Assim sucedeu no caso do registo predial.

O registo, quando realizado, produz alguns efeitos substantivos. Quando, porém, ele tenha sido efectuado com certos vícios, tais efeitos podem ficar comprometidos. Não obstante, essa ineficácia deixa salvaguardados alguns direitos de terceiros de boa fé: a pessoa que acredite num registo – organizado, para mais, pelo Estado – merece protecção.

O Código de Registo Predial de 1967, aprovado pelo Decreto-Lei n.º 47 611, de 28 de Março daquele ano, enumerava, no seu artigo 83.º, as causas de nulidade do registo; o artigo 85.º ressalvava as posições de terceiros de boa fé.

Na mesma linha, o Código do Registo Predial de 1984, aprovado pelo Decreto-Lei n.º 224/84, de 6 de Julho, refere no artigo 16.º, as causas de nulidade, enquanto o artigo 17.º/2 garante os terceiros de boa fé. Simplesmente, levado por meras preocupações de simetria conceptuais, o legislador de 1984 consagrou, também, "causas de inexistência" do registo – artigo 14.º – associando a esse vício uma total ausência de efeitos – artigo 15.º/1 – e logo, a uma primeira leitura, a completa desprotecção de terceiros, mesmo de boa fé.

Uma análise dos vícios que conduzem à "inexistência" – e que antes de 1984 levavam à nulidade – não permite, no entanto, descobrir qualquer razão de fundo para desamparar os terceiros de boa fé: há casos de nulidade que são tão ou mais graves do que os da inexistência[256]. De novo a construção da inexistência, que tende a estender-se, ainda, a outras áreas[257], conduz a resultados nefastos, havendo que tentar minimizá-los pela interpretação.

De todo o modo nada, na lei geral, impõe a inexistência, no domínio do negócio jurídico. E pelas razões expostas, nenhuma razão científica

---

[256] Por exemplo, seria causa de inexistência o ter sido lavrado o registo em conservatória territorialmente incompetente – artigo 14.º, *a*), do CRP; simplesmente, quando isso aconteça, todos se enganaram, incluindo o próprio conservador; o terceiro que, de boa fé, acredite em tal registo – que poderá até retratar a realidade – não merecerá tanta tutela como o que acredite num registo puramente falso, e que seria mera causa de nulidade – artigo 16.º, *a*), do mesmo CRP?

[257] Assim sucedeu com o CRC aprovado pelo Decreto-Lei n.º 403/86, de 3 de Dezembro, nos seus artigos 21.º e 22.º.

recomenda a sua autonomização. Os casos previstos na lei como "não produzindo quaisquer efeitos" são, na realidade, nulidades.

Resta acrescentar que, na prática, não é possível declarar inexistências, até por razões de Direito notarial[258]. A referência doutrinária a essa figura mais não faz do que impedir o funcionamento de figuras como a falta de consciência da declaração ou a coacção física, enquanto as menções judiciais retratam realidades diversas[259].

Está francamente na hora de os defensores da inexistência como vício autónomo virem a terreiro rebater os (muitos) contras e apresentar as suas razões. Dizemo-lo há décadas.

42. As ineficácias em sentido estrito

I. A ineficácia em sentido estrito traduz a situação do negócio jurídico que, não tendo, em si, quaisquer vícios, não produza, todavia, todos os seus efeitos, por força de factores extrínsecos[260].

As ineficácias deste tipo só surgem nos casos específicos previstos pela lei. O negócio jurídico sem vícios produz os seus efeitos: apenas razões muito particulares e expressamente predispostas poderão levar a que assim não seja.

II. Alguns exemplos de ineficácias podem ser apontados em leis processuais e comerciais e na própria lei civil. Consideremos três exemplos: Segundo o artigo 81.º/6, do CIRE[261]:

---

[258] Cf. STJ 9-Out.-1996 (César Marques), CJ/Supremo IV (1996) 3, 41-44 (43).

[259] Assim, STJ 11-Abr.-2000 (Lopes Pinto), BMJ 496 (2000), 235-245 (242/I), refere a inexistência para retratar a não-inclusão, em contrato singular, de uma cláusula contratual geral, enquanto STJ 9-Mar.-2004 (Quirino Soares), CJ/Supremo XII (2004) 1, 118-120 (119/II), usa "inexistência" no sentido de "inexistência material".

[260] Cf. Galvão Telles, *Manual dos contratos*, 3ª ed. cit., 329 e 347 e Carvalho Fernandes, *Teoria geral* cit., 2, 3ª ed., 510 ss..

[261] Cf., perante o anterior CPEF, Oliveira Ascensão, *Efeitos da falência sobre a pessoa e negócios do falido*, ROA 1995, 641-688, Carvalho Fernandes/João Labareda, *Código dos Processos Especiais de Recuperação da Empresa e da Falência Anotado*, 3ª ed. (1999), 408 ss. e Maria do Rosário Epifânio, *Os efeitos substantivos da falência* (2000), 183 ss.; quanto ao actual Direito, Luís Menezes Leitão, *Código da Insolvência e da Recuperação de Empresas*, 3ª ed. (2006), 113.

§ 13.° *Figuras periféricas* 93

São ineficazes os actos realizados pelo insolvente em contravenção do disposto nos números anteriores (...)

O CVM prevê, em certos casos, a obrigatoriedade de lançamento de OPA. Segundo o seu artigo 192.°/1, o não cumprimento dessa obrigação:

(...) determina a imediata inibição dos direitos de voto e a dividendos (...)

Imaginemos que alguém, para defraudar os seus credores, aliena, sem critério, o seu património. Pois bem: os actos de alienação sujeitam-se à acção pauliana, podendo ser impugnados nos termos dos artigos 610.° e seguintes, do Código Civil.

III. Nestas três situações, os negócios celebrados são válidos: nada os afecta, em si. Todavia, ou são totalmente inoponíveis – artigo 81.°/1, do CIRE – ou são inoponíveis nalguns dos seus aspectos – artigo 192.°/1, do CVM – ou são impugnáveis – artigo 610.°, do CC. Trata-se de "ineficácias em sentido estrito", de acordo com a designação tradicional portuguesa.

Temos, aqui, uma categoria residual; as figuras a ela redutíveis assumem regimes particulares, a apurar caso a caso pela interpretação.

43. *A irregularidade*

I. O problema da ineficácia dos negócios jurídicos deve ser delimitado do da sua irregularidade.

A eficácia do negócio jurídico depende do seu enquadramento dentro da autonomia privada. Pode no entanto suceder que, perante um negócio, tenham aplicação, além das da autonomia privada, outras regras muito diversas.

A inobservância dessas regras provoca a *irregularidade* do negócio atingido, sem prejudicar a sua eficácia.

II. Os exemplos tradicionais de irregularidade negocial ocorriam no domínio matrimonial[262]. O menor que casar sem autorização dos pais

---

[262] Cf. MANUEL DE ANDRADE, *Teoria geral* cit., 2, 413-414.

ou do tutor celebra um casamento eficaz, mas sujeita-se a certas sanções quanto aos bens – artigo 1649.º; o casamento celebrado com impedimento é válido, mas dá lugar a determinadas consequências, também no domínio dos bens – artigo 1650.º.

Há outras possibilidades; por exemplo, a compra e venda de imóvel sem que tenha sido exibido o registo da coisa a favor do alienante é irregular, perante o artigo 9.º do CRP[263]; não prejudica, porém, a validade do negócio. Da mesma forma, a inobservância de certas regras fiscais pode sujeitar as partes a multas; o negócio será irregular, mas é eficaz.

---

[263] E pode envolver a responsabilidade disciplinar do notário.

§ 14.º Aspectos do regime

44. *A invocação das invalidades*

I. Coloca-se o problema de saber como devem ser invocadas as invalidades. Frente a frente, temos dois sistemas[264]: o dos Direitos latinos, que exige uma invocação judicial[265] e o do Direito alemão, que admite uma anulação por mera declaração extrajudicial dirigida à contraparte[266].

Aquando da preparação do Código Civil, Rui de Alarcão propôs, para a anulabilidade, a possibilidade de invocação extrajudicial[267]. Tal proposta foi silenciosamente suprimida nas revisões ministeriais, sem que, no entanto, se introduzisse qualquer preceito de sinal contrário. De todo o modo, a supressão foi suficientemente incisiva para levar alguma doutrina a defender a necessidade de invocação judicial, seja para a anulação[268], seja para as invalidades em geral[269].

II. A necessidade de recorrer ao Tribunal para exercer um direito é uma formalidade anómala e pesadíssima. Assim, ela só se impõe quando prevista por lei – artigo 219.º – lei essa que, a surgir, será excepcional. O Código Civil não contém qualquer norma que obrigue à invocação judicial. Pelo contrário: os artigos 286.º e 287.º falam em invocar a nulidade e arguir a anulabilidade sem inserirem qualquer rasto de uma necessidade de invocação judicial[270]. Não parece viável, na falta de base legal, exigir tal procedimento: anómalo e pesadíssimo, como cumpre repetir.

---

[264] Cf., com elementos, Rui de Alarcão, *A confirmação* cit., 60 ss..

[265] Assim, os artigos 1421.º e ss., quanto à nulidade e artigos 1441.º e ss., quanto à anulabilidade, ambos do Código italiano.

[266] Tal o sentido do § 143 do BGB; cf. Staudinger/Roth, *BGB* (2003), § 143 (526 ss.).

[267] O competente texto e a sua justificação constam de Rui de Alarcão, *A confirmação* cit., 60-61, nota 65.

[268] Rui de Alarcão, ob. e loc. cit..

[269] Carvalho Fernandes, *Teoria geral* cit., 2, 3ª ed., 472 ss..

[270] Quando imponha o exercício judicial dos direitos, o Código é muito claro: vejam-se, como exemplo, os seus artigos 323.º/1 e 1047.º. Fora do Código Civil, cabe referir o artigo 17.º/1 do CRP, acima citado, no texto.

É certo que o artigo 291.º/1 pressupõe acções de declaração de nulidade ou de anulação. Mas isso explica-se por, aí, se pretenderem fazer valer posições contrárias ao que resulta do registo predial: ora a nulidade deste, seja substantiva seja registal, só pode ser invocada depois de declarada por decisão judicial com trânsito em julgado – artigo 17.º/1, do CRP.

O panorama legal é, pois, o seguinte: a lei é omissa quanto ao regime geral da invocação das invalidades, o que depõe no sentido da desformalização, mau grado os preparatórios[271]; no entanto, há uma directriz que impõe o recurso a juízo – ou um acordo – perante invalidades que atinjam situações registadas. Trata-se de construir um sistema coerente, nesta base.

III. A invocação de nulidades ou a declaração de anulação surgem como actos secundários subordinados aos principais: os próprios negócios viciados. Assim, elas deverão seguir a forma exigida para esses mesmos negócios. Mal se compreenderia que, para invocar um vício que atingisse um negócio corrente verbalmente concluído, houvesse que recorrer ao tribunal ou a outra fórmula solene. A esta regra básica ocorrem desvios: no caso de bens sujeitos a registo, queda o acordo – sob a forma exigida para o negócio em crise – ou a acção judicial, como vimos.

É evidente que se a declaração de nulidade ou a anulação "informais" não foram aceites, como tais, pelos destinatários, há litígio, a dirimir em juízo. Mas o tribunal limitar-se-á, então, a apreciar se a invocação da nulidade ou se a anulação foram devidamente actuadas[272].

IV. Perante a exigência do cumprimento de um negócio inválido, a parte visada pode defender-se por excepção[273]. Antes disso, porém, ela já podia, licitamente, recusar a prestação. O possuidor de uma coisa por via de um negócio inválido deixará de estar de boa fé assim que conheça o vício – artigo 1260.º/3. Não se exige, para tanto, qualquer acção.

---

[271] Que têm, apenas, um fraco valor, na interpretação da lei e para mais neste caso: não houve, aqui, qualquer justificação ministerial.

[272] Nessa eventualidade, já não será rigoroso considerar "constitutiva" a acção de anulação.

[273] STJ 26-Jun.-1997 (Silva Paixão), CJ/Supremo V ((1997) 2, 137-138 (137/II) e RCb 24-Nov.-1998 (Emídio Rodrigues), CJ XXIII (1998) 5, 25-31 (27/I).

§ 14.° Aspectos do regime

Temos indícios sérios no sentido de se dispensar a invocação judicial, com os desvios apontados: situações registadas e situações de litígio.

45. As consequências

I. Uma visão mais imediatista das invalidades tinha em mente, de modo vincado, a nulidade. Além disso, esta era aproximada de uma pura e simples inexistência jurídica. Os actos nulos não produziriam, deste modo, quaisquer efeitos, num modelo subjacente ao pensamento jurídico napoleónico.

A terceira sistemática veio impor um cenário diferente. O acto inválido coloca-se numa dimensão diversa da da autonomia privada. Mas ele existe: quer social, quer juridicamente. Ele vai produzir alguns efeitos, variáveis consoante as circunstâncias. Tais efeitos são imputáveis à lei. Todavia, devemos estar prevenidos para o facto de eles dependerem, primacialmente, da vontade das partes. Desde logo esta domina os institutos da redução e da conversão, ainda que na versão objectiva da "vontade hipotética". Mas ela condiciona, também, os próprios deveres de restituição, resultantes, no essencial, da conformação do contrato viciado.

Trata-se de um ponto fundamental, a não esquecer no desenvolvimento subsequente.

II. A declaração de nulidade e a anulação do negócio têm efeito retroactivo, segundo o artigo 289.°/1[274]. Desde o momento em que uma ou outra sejam decididas, estabelece-se, entre as partes, uma relação de liquidação: deve ser restituído tudo o que tiver sido prestado[275] ou, se a restituição em espécie não for possível, o valor correspondente, nos termos desse mesmo preceito[276].

---

[274] STJ 27-Nov.-1990 (SIMÕES VENTURA), BMJ 401 (1990), 579-582.

[275] RPt 4-Mar.-2002 (ANTÓNIO GONÇALVES), CJ XXVII (2002) 2, 180-183.

[276] RLx 7-Nov.-1991 (NASCIMENTO GOMES), CJ XVI (1991) 5, 126-127 (127/I), numa nulidade por não notificação, à Caixa Geral de Depósitos, de determinada venda executiva, STJ 2-Fev-1993 (EDUARDO MARTINS), CJ/Supremo I (1993) 1, 110-111 (111/I), na nulidade adveniente da venda dum loteamento ilegal, STJ 26-Jun.-1997 (ARAGÃO SEIA), BMJ 468 (1997), 404-410 (409), na falta de forma de um arrendamento, RLx 24-Set.-2002 (ROQUE NOGUEIRA) CJ XXVII (2002) 4, 76-79 (79/I) e STJ 14-Out.-2003 (ALVES VELHO), CJ/Supremo XI (2003) 3, 103-104 (104).

Nos contratos de execução continuada em que uma das partes beneficie do gozo de uma coisa – como no arrendamento – ou de serviços – como na empreitada, no mandato ou no depósito[277] – a restituição em espécie não é, evidentemente, possível. Nessa altura, haverá que restituir o valor correspondente o qual, por expressa convenção das partes, não poderá deixar de ser o da contraprestação acordada[278]. Isto é: sendo um arrendamento declarado nulo, deve o "senhorio" restituir as rendas recebidas e o "inquilino" o valor relativo ao gozo de que disfrutou e que equivale, precisamente, às rendas. Ambas as prestações restituitórias se extinguem, então, por compensação[279] tudo funcionando, afinal, como se não houvesse eficácia retroactiva[280], nestes casos.

III. O dever de restituição predisposto no artigo 289.º/1 tem natureza legal. Ele prevalece sobre a obrigação de restituir o enriquecimento, meramente subsidiário[281] e pode ser decretado, pelo tribunal, quando ele conheça, oficiosamente, a nulidade[282]. No entanto, já haverá que recorrer às regras do enriquecimento se a mera obrigação de restituir não assegurar que todas as deslocações ou intervenções patrimoniais injustamente processadas, ao abrigo do negócio declarado nulo ou anulado, foram devolvidas[283].

Não será assim quando, mau grado a invalidação, ocorra uma outra causa de atribuição patrimonial. O próprio artigo 289.º/3 manda aplicar,

---

[277] Tratando-se de contrato de trabalho – e num afloramento de regras que, afinal, acabam por ser as gerais – há um regime especial: segundo o artigo 15.º/1, da LCT, "o contrato de trabalho declarado nulo ou anulado produz efeitos como se fosse válido em relação ao tempo durante o qual esteve em execução...". Quanto ao problema, em geral, nas obrigações duradouras, cf. LARENZ/WOLF, *Allgemeiner Teil*, 9ª ed. cit., 798.

[278] RLx 17-Jan.-1991 (QUIRINO SOARES), CJ XVI (1991) 1, 133-141 (139/II) e RLx 28-Nov.-1996 (CRUZ BROCO), CJ XXI (1996) 5, 113-115.

[279] RLx 4-Jun.-1998 (PROENÇA FOUTO), CJ XXIII (1998) 3, 122-123 (123/I).

[280] Também a resolução do contrato tem efeito retroactivo; todavia, em relação a ela, a lei foi mais matizada; cf. o artigo 434.º.

[281] STJ 31-Mar.-1993 (SOUSA MACEDO), CJ/Supremo I (1993) 2, 55-58 (57/II) e STJ 15-Out.-1998 (PINTO MONTEIRO), CJ/Supremo VI (1998) 3, 63-66 (65/II); cf. LUÍS MENEZES LEITÃO, *O enriquecimento sem causa no Direito civil* (s/data, mas 1997), 457 ss..

[282] Tal o conteúdo do Assento n.º 4/95, de 28 de Março (MIGUEL MONTENEGRO), DR I Série-A n.º 114, de 17-Mai.-1995, 2939-2941 (2941).

[283] RLx 17-Jan.-1991 cit., CJ XVI, 1, 140/I e RLx 4-Jun.-1998 cit., CJ XXIII, 3, 123/I.

§ 14.º Aspectos do regime   99

directamente ou por analogia, o disposto nos artigos 1269.º e seguintes e, portanto: o regime da posse, incluindo as regras sobre a perda ou deterioração da coisa, sobre os frutos, sobre os encargos e sobre as benfeitorias. Caso a caso será necessário indagar a boa ou má fé do obrigado à restituição[284]. Para além das regras sobre a posse, outras poderão inflectir, num ou noutro sentido, o dever de restituição; assim sucederá, por exemplo, com as regras da acessão, da usucapião ou, até, com a interferência de direitos fundamentais: pense-se na restituição de um *pace-maker,* que ponha em perigo o direito à vida.

IV. Pode a parte obrigada à restituição ter alienado gratuitamente a coisa que devesse restituir: ficará obrigada a devolver o seu valor. Porém, se a restituição deste não puder tornar-se efectiva, fica o beneficiário da liberalidade obrigado em lugar daquele, mas só na medida do seu enriquecimento – artigo 289.º/2. Trata-se de um afloramento da regra prevista no artigo 481.º/1.

V. O dever de restituir é recíproco. A doutrina estrangeira já intentou, por via doutrinária, construir aqui um sinalagma, de modo a permitir a aplicação de institutos que garantam as posições das partes. A lei portuguesa solucionou, de modo expresso, o problema, no artigo 290.º:

> As obrigações recíprocas de restituição que incumbem às partes, por força da nulidade ou anulação do negócio devem ser cumpridas simultaneamente, sendo extensivas ao caso, na parte aplicável, as normas relativas à excepção do não cumprimento do contrato.

Outros institutos, como o direito de retenção, podem ter aplicação, desde que se verifiquem os respectivos requisitos. A nulidade ou a anulação dum negócio são, ainda, susceptíveis de causar danos ilícitos. Podem

---

[284] É ao abrigo destas regras que se deve solucionar o problema – que tem dividido a doutrina e a jurisprudência – de saber se, devendo ser restituída uma importância, há lugar ao pagamento de juros; depende: se o obrigado à restituição estava de boa fé, ele faz seus os frutos civis; caso contrário, restitui: artigos 1270.º/1 e 1271.º, do Código Civil.

Quanto aos limites à eficácia retroactiva da nulidade, cf. o excelente acórdão do STJ 30-Out.-1997 (MIRANDA GUSMÃO), BMJ 470 (1997), 559-567 (565).

intervir institutos de responsabilidade civil e, designadamente, a *culpa in contrahendo*.

VI. A invalidade de um negócio pode não prejudicar a manutenção dos deveres de segurança, de informação e de lealdade que acompanham qualquer obrigação, por força da boa fé. Esta, na linguagem de Canaris, manter-se-á, então, mau grado a falta do dever de prestar principal.

Tais deveres irão acompanhar toda a relação de liquidação, podendo ainda manter-se *post pactum finitum*.

46. *A tutela de terceiros*

I. A declaração de nulidade ou a anulação de um negócio jurídico envolvem a nulidade dos negócios subsequentes, que dependam do primeiro. Trata-se de uma consequência inevitável da retroactividade dessas figuras: se A vende a B que vende a C, a nulidade da primeira venda implica a da segunda, por ilegitimidade – artigo 892.º; se D vende a E que, nessa base, se obriga a prestar a F, a nulidade da venda implica a nulidade da obrigação, por impossibilidade legal[285].

II. Em certos casos coloca-se, todavia, um problema de tutela da confiança de terceiros: *quid iuris* se alguém, acreditando na validade de negócios antecedentes, celebra um contrato na base do qual efectue um investimento de confiança considerável?

O Direito português conhece uma especial tutela de terceiros, quando estejam em causa direitos reais.

No caso de bens móveis, o terceiro que haja adquirido, de boa fé, o bem a um comerciante que negoceie em coisa do mesmo ou semelhante género, tem o direito à restituição do preço pago, a efectuar pelo beneficiário da restituição – artigo 1301.º[286]. Como resulta deste preceito, o terceiro

---

[285] Cf. RCb 20-Out.-1992 (HERCULANO NAMORA), CJ XVII (1992) 4, 92-93 (93/1), citando MOTA PINTO, *Cessão da posição contratual* (1970), 456.

[286] Não vigora, em Portugal, o princípio "posse vale título", que permitiria a imediata aquisição da propriedade, *a non domino*, pelo terceiro de boa fé; cf. a nossa *A posse: perspectivas dogmáticas actuais*, 3ª ed. (2000), 116 ss..

§ 14.º Aspectos do regime

só é tutelado se tiver comprado a coisa, isto é: adquirido a título oneroso. É o investimento de confiança.

III. No campo dos imóveis sujeitos a registo, vale o artigo 291.º: não são prejudicados os direitos de terceiros, adquiridos de boa fé[287] e a título oneroso e que registem antes de inscrita qualquer acção de nulidade ou de anulação ou qualquer acordo quanto à validade do negócio – n.º 1; todavia, esse regime só opera passados três anos sobre a conclusão do negócio[288]. Atente-se bem nos requisitos:

- um negócio nulo ou anulado[289];
- um terceiro de boa fé;
- que adquire, a título oneroso;
- e sendo decorridos 3 anos sobre a celebração do negócio em causa.

Os terceiros são protegidos por estarem de boa fé e por terem realizado o investimento de confiança: o título oneroso e o decurso dos 3 anos atestam-no. Este preceito não se confunde com o artigo 17.º/2 do CRP: exige-se, aqui, um registo prévio, nulo ou anulado, não requerido pela lei civil[290].

IV. Tem-se suscitado, na jurisprudência, a dúvida de saber se o artigo 291.º se aplica aos casos de ineficácia *stricto sensu* dos negócios. A questão coloca-se, designadamente, no tocante a contratos praticados com violação de direitos de preferência: pode o terceiro adquirente prevalecer-se do artigo 291.º do Código Civil? Algumas decisões respondem negativamente: a (mera) ineficácia não permitiria a tutela de terceiros[291]. Tais decisões estão, em princípio, correctas. Mas não as fundamentações.

---

[287] O artigo 291.º/3 define a boa fé nos termos correctos: subjectivos e éticos.

[288] Cf. STJ 14-Nov.-1996 (ALMEIDA E SILVA), CJ/Supremo IV (1996) 3, 104-107 (105/II): não aplicou o preceito por ainda não haverem decorrido os 3 anos.

[289] Quanto à possibilidade de o artigo 291.º se aplicar, também à ineficácia, cf. RCb 22-Mai.-2002 (HELDER ROQUE), CJ XXVII (2002) 3, 14-17; trata-se de um ponto que terá de ser verificado caso a caso.

[290] Cf. os nossos *Sumários de Direitos Reais* (2001), n.º 26.

[291] REv 18-Dez.-1990 (BRITO CÂMARA), CJ XV (1990) 5, 269-272 (272/I) e RCb 20-Jun.-1995 (PEREIRA DA GRAÇA), CJ XX (1995) 3, 44-47 (46/II).

As razões que levam à tutela dos terceiros – boa fé, investimento de confiança e inacção das partes interessadas – podem proceder tanto nas invalidades como nas ineficácias. Além disso, tal tutela não tem nada de excepcional: a letra da lei, só por si, não permitiria a exclusão. No caso das preferências legais, todavia, o artigo 291.º – tal como o 17.º/2 do CRP – não se aplica pela razão simples de elas não estarem sujeitas a registo. Consequentemente, não só os preferentes não têm modo de as publicitar como os próprios terceiros adquirentes não têm especial fundamento para clamar a ignorância da sua existência. De resto e na generalidade dos casos, a preferência legal deduz-se da situação de fundo, pelo que – visto o artigo 291.º/3 – não há, sequer, boa fé[292].

---

[292] É o caso patente de REv 18-Dez.-1990 cit., CJ XV, 5, 272/II: alguém compra metade indivisa de um prédio, sem prévia comunicação aos outros consortes, para efeitos de preferência: como invocar boa fé?

§ 15.º **Reformulação da teoria da invalidade**

47. *Ponto de partida*

I. O cerne da doutrina da invalidade, tal como proveio da pena do genial Savigny, assenta na contraposição entre a nulidade e a anulabilidade. Em termos actualistas, ela cifra-se no seguinte:

- a nulidade equivale a um *status rei*: um estado do próprio negócio; como consequência, temos uma permissão genérica de impugnação;
- a anulabilidade traduz um *status personae*: uma característica específica de um dos intervenientes, ao qual é reconhecida uma permissão específica de impugnação.

II. Podemos completar o quadro recordando que a nulidade equivale à regra civil geral, preenchendo uma categoria alargada. Já a anulabilidade traduz uma categoria residual, que drenou, ao longo da História, diversas figuras unificadas pelo efeito prático: um sujeito tem o poder de deter a eficácia de um negócio jurídico.

Simplesmente: poder-se-á considerar que este quadro, na sua pureza, se mantém impávido, perante o Direito actual? Vamos ver.

48. *Cisão na nulidade: nulidades absolutas e relativas*

I. À partida, a nulidade equivale, como se disse, a um *status rei*, o qual permite, a qualquer interessado, invocar a decorrente ineficácia. Corresponde a uma valoração negativa extrínseca, que põe em crise o negócio perante os valores da ordem jurídica. Deriva, daí, uma permissão genérica de impugnação: qualquer interessado o possa fazer; a todo o tempo; e o tribunal possa declará-lo *ex officio* (186.º).

II. A confluência com outros princípios leva, todavia, a todo um conjunto de entorses no que seria um regime lógico e coerente. Assim:

- o simulador não pode arguir a nulidade da simulação contra o terceiro de boa fé (243.º/1);
- o vendedor de coisa alheia não pode opor a sua nulidade ao comprador de boa fé, assim como não pode opô-la ao vendedor de boa fé o comprador doloso (892.º);
- a nulidade da venda de bens alheios pode cessar por convalidação (895.º);
- a nulidade do contrato de sociedade de capitais, só invocável em certas circunstâncias, é igualmente sanável (42.º do Código das Sociedades Comerciais).

O que se passa?

III. Em termos de uma pura coerência jurídica, as soluções apontadas são impossíveis. O negócio nulo é um não-negócio. Recordamos que, na lógica do projecto do BGB[293]:

§ 108 Um negócio nulo, no tocante aos pretendidos efeitos jurídicos, é considerado como se não tivesse ocorrido.

§ 109 Um negócio nulo não se convalida caso as razões da nulidade venham, depois, a desaparecer.

Daí a permissão genérica de impugnação: qualquer interessado a pode fazer; a todo o tempo; e o próprio tribunal pode agir de ofício.

Pois bem: nas "excepções" acima apontadas, teremos de admitir que o princípio da tutela da confiança contraria a lógica da nulidade. Com efeito, quer o bloqueio de certas nulidades perante pessoas de boa fé, quer a convalidação por certos desaparecimentos supervenientes de vícios visam proteger a confiança de determinados interessados, com o reforço, daí derivado, da circulação dos bens. Prosseguindo: o negócio nulo, nos casos previstos, mantém-se em vida: não *a se*, mas por força do princípio da confiança.

IV. Aprofundemos a ideia. Um negócio simulado não corresponde à vontade de nenhuma das partes que o tenham concluído. Logo, ele não vale

---

[293] R. Mugdan, *Die gesammten Materialien zum Bürgerlichen Gesetzbuch für das Deutsche Reich*, I – *Einführungsgesetz und Allgemeiner Teil* (1899), LXXXVI.

ex 406.º/1: antes *ex bona fide* ou *ex fiducia*. A juridificação opera não por via da autonomia privada, mas por força da tutela da confiança a qual, por analogia, adopta um código genético semelhante ao da eficácia negocial[294]. E assim sendo, nenhuma vantagem se perfila em, contrariando a linguagem comum que afeiçoou o Direito, vir dizer que o negócio simulado ininvocável é irremediavelmente nulo, surgindo, todavia, um *quid* em tudo semelhante a ele, mas *ex bona fide*. Temos, sim, uma nulidade que, sobreposta à tutela da confiança, dá azo a uma invalidade que apenas opera em relação a certas pessoas ou em certas conjunturas.

V. Recuperando a velha terminologia napoleónica, agora disponível, podemos distinguir:

- a nulidade absoluta, correspondente ao perfil do artigo 286.º;
- as nulidades relativas, que ocorrem sempre que surja uma nulidade susceptível de não ser invocável por qualquer interessado ou que seja sanável.

Neste último caso, a jurídica-positividade do negócio advém da tutela da confiança; além disso, a nulidade já não é invocável por todos. *A fortiori*: não poderá ser declarada, de ofício, pelo juiz.

VI. Quanto à explicação dogmática: as nulidades relativas derivam de um concurso:

- entre a permissão genérica de as invocar;
- e o direito potestativo de, *ex bona fide,* ou conservar os efeitos do negócio ou, saneado o negócio, fazer surgir, *ex novo,* as posições jurídicas equivalentes ao negócio nulo.

A nulidade relativa é estruturalmente diferente da anulabilidade: apenas na aparência as duas figuras se aproximam. Com efeito, na nulidade, ainda que relativa, mantém-se a permissão genérica de impugnação; todavia, esta é contraditada pontualmente pelo direito potestativo de invocar a tutela da confiança, detendo a impugnação ou provocando a legitimação superveniente, com a consequente convalescença do negócio.

---

[294] Encontramos a ideia em Canaris, *Die Vertrauenshaftung im deutschen Privatrecht*, 2ª ed. (1983), 451 ss. e *passim*.

O ónus da prova decorre deste cenário:

- na nulidade relativa, a pessoa protegida invoca e demonstra os factos de que decorre a tutela;
- na anulabilidade, o interessado fará prova dos factos que dão azo ao seu direito à impugnação.

49. *Cisão na anulabilidade: anulabilidades comuns e privilegiadas*

I. A anulabilidade é uma realidade subjectiva: tem a ver com a posição específica do sujeito, equivalendo a um *status personae*. Ela traduz, na esfera do sujeito, um direito potestativo de impugnar certo negócio. As circunstâncias que permitem tal impugnação são fixadas em abstracto, podendo dizer respeito a qualquer uma das partes, no negócio considerado. Assim, hipóteses como o erro, o dolo ou a coacção moral podem aproveitar tanto ao comprador como ao vendedor, tanto ao locador como ao locatário, tanto ao mandante como ao mandatário e assim por diante.

II. Todavia, nalguns casos o legislador quebra o princípio da igualdade. Por razões de desprotecção pessoal (caso do menor) ou social (caso do adquirente de habitação própria ou do locatário[295]), o legislador apenas confere o direito de impugnação a um dos intervenientes na relação. Assim:

- os actos dos menores não representados apenas podem ser anulados a requerimento do progenitor que exerça o poder paternal, do tutor e do administrador de bens, a requerimento do menor, no ano subsequente à maioridade ou emancipação ou a requerimento de qualquer herdeiro do menor, no prazo de um ano a contar da morte deste e desde que não tivesse expirado o prazo para o próprio menor o fazer – 125.º/1, do Código Civil;
- nos contratos-promessas referidos no artigo 410.º/3, do Código Civil, o promitente alienante só pode invocar a anulabilidade decorrente da falta de certificação das licenças de construção ou de habitação se a contraparte a tiver causado culposamente.

---

[295] Na legislação pós 1974-75 e hoje substituída.

Trata-se de anulabilidades privilegiadas. O legislador estabelece-as em benefício, apenas, de certas categorias de pessoas. Estruturalmente, trata-se, contudo e sempre, da anulabilidade.

§ 16.º O aproveitamento de negócios ineficazes

50. *A redução*

I. A invalidação dos negócios jurídicos não impede, ainda, a produção de efeitos – ou de alguns efeitos – nas hipóteses de redução ou de conversão – artigos 292.º e 293.º. Recordamos que estes preceitos devem ser trabalhados em conjunto com os artigos 236.º e 239.º[296]: apenas por preocupação de análise iremos, aqui, proceder ao seu estudo isolado.

II. O artigo 292.º admite a redução dos negócios jurídicos nos seguintes e precisos termos:

> A nulidade ou anulação parcial não determina a invalidade de todo o negócio, salvo quando se mostre que este não teria sido concluído sem a parte viciada.

O primeiro requisito é o de uma nulidade ou anulação *meramente parciais*. Na base desta fórmula, algumas doutrina e jurisprudência têm admitido uma regra de divisibilidade dos negócios. De modo algum: o que a lei diz é o seguinte: a nulidade ou anulação (*quando seja*) parcial não determina a invalidade do conjunto. Repare-se: a lei não permite que a prestação seja realizada por partes, havendo pois um princípio da integralidade do cumprimento – artigo 763.º: não se compreenderia como facultar uma desarticulação de princípio dos negócios, a pretexto da invalidade[297].

---

[296] Cf. o nosso *Da boa fé* cit., 1068 ss., nota 653; *vide* CLAUS-WILHELM CANARIS, *Gesamtunwirksamkeit und Teilgültigkeit rechtsgeschäftlicher Regelungen*, FS Steindorf (1990), 519-571 e, principalmente, STAUDINGER/HERBERT ROTH, *BGB* (2003), § 139 (438), com indicações; em Itália, a actual obra de referência é a de ANTONIO GERARDO DIANA, *La nullità parziale del contratto* (2004), 621 pp.; entre nós, LUÍS CARVALHO FERNANDES, *A conversão dos negócios jurídicos civis* (1993), também com múltiplas indicações.

[297] No sentido da boa doutrina, RPt 31-Jan.-1994 (ABÍLIO VASCONCELOS), CJ XIX (1994) 1, 220-221 (221/I): discutia-se um problema de fiança por débitos futuros, nula

110 Teoria da ineficácia

Teremos de, pela interpretação e em momento logicamente anterior, determinar o alcance de qualquer invalidade.

III. O segundo requisito tem a ver com a vontade das partes no tocante ao ponto da redução: esta não opera quando se mostre que o negócio não teria sido concluído sem a parte viciada. Bastará provar, pelas circunstâncias objectivas ou pela vontade real de uma das partes, conhecida (e aceite) pela outra – artigo 236.º – ou pela sua vontade hipotética e pela boa fé – artigo 239.º – que, sem a parte viciada, aquele concreto negócio não teria visto a luz.

Em termos de ónus da prova, a situação será a seguinte:

- o interessado na salvaguarda do negócio deverá invocar e provar os factos donde decorra a natureza meramente parcial da invalidade[298];
- ao seu opositor caberá invocar e provar os factos donde se infira que, sem a parte viciada, não teria havido negócio.

IV. Embora o artigo 292.º não o diga, temos de acrescentar três outros requisitos:

- o respeito pela boa fé;
- o respeito pelas regras formais;
- o respeito por outras normas imperativas.

A boa fé surge no artigo 239.º devendo funcionar perante a redução e a conversão: não há redução quando ela atente contra a confiança legítima

---

por indeterminabilidade do objecto; tentou-se a hipótese da redução à parte determinada; a Relação do Porto entendeu, e bem, que a garantia não era "divisível", nesses termos. Em RCb 23-Mar.-1999 (COELHO DE MATOS), CJ XXIV (1999) 2, 24-26 (25/II) e em STJ 16-Dez.-1999 (TORRES PAULO), CJ/Supremo VII (1999) 3, 147-151 (149/II) – de resto: um acórdão excelente – fala-se numa "presunção de divisibilidade"; com a devida vénia, não nos parece: o interessado na redução terá de demonstrar que ela é possível, nos termos gerais.

A questão tem sido debatida a propósito do contrato-promessa, em termos que abaixo serão aludidos.

[298] Contra: CARVALHO FERNANDES, Anotação a STJ 29-Nov.-1989, RDES 1993, 196-238 (237), segundo o qual o artigo 292.º estabeleceria uma presunção de divisibilidade do negócio; todavia, tal versão choca frontalmente com o (indiscutido) princípio da integralidade do cumprimento. No sentido (correcto) de a redução dever ser requerida pela parte interessada, a qual deve, assim, fazer prova dos competentes elementos: RPt 26-Abr.-2004 (FONSECA RAMOS), CJ XXIX (2004) 2, 196-200 (200/I).

§ 16.° Reformulação da teoria da invalidade

das partes ou contra a materialidade subjacente. Esta última é claramente perceptível quando o negócio reduzido não permita prosseguir os fins ou as funções vertidos, pelas partes, no negócio inválido[299].

As regras formais foram salvaguardadas nos artigos 238.° e 293.°. Mas também aqui elas se impõem: não pode, pela redução, chegar-se a um tipo negocial com exigências de forma não satisfeitas no negócio a reduzir. Por exemplo: uma doação de coisa móvel com cláusula de tradição simbólica é válida verbalmente; sendo esta cláusula anulada, a doação exigiria forma escrita – artigo 947.°/2 – pelo que só há redução se tal forma tiver sido seguida no negócio a reduzir.

Outras normas imperativas devem-se mostrar respeitadas. Assim o caso decidido em RCb 28-Mar.-2000, onde a redução conduziria à divisão de um terreno, sem as necessárias licenças: não pode ser aplicada[300].

V. O grande tema que levou à discussão, perante o Direito civil português, das potencialidades da redução, prende-se com o contrato-promessa.

O contrato-promessa pode ser bilateral (bivinculante), quando ambas as partes fiquem adstritas a celebrar o contrato definitivo, ou unilateral (monovinculante), quando apenas uma parte fique obrigada ao definitivo: a outra será, então, livre de decidir. O contrato-promessa relativo a contrato formal exige forma escrita; todavia, sendo o contrato monovinculante, admite-se que baste a assinatura da pessoa que irá ficar obrigada – artigo 410.°/2, depois alterado.

Quid iuris se um contrato-promessa bivinculante surgir assinado apenas por uma das partes?

Pouco depois da entrada em vigor do Código Civil, veio decidir-se que, havendo apenas uma assinatura, tal contrato valia como monovinculante[301]. Contra manifestou-se logo Vaz Serra: esta transmutação só seria

---

[299] Já não é seguro que o simples conhecimento prévio da invalidade parcial equivalha a má fé, paralisando o instituto; cf., sobre o tema, CHRISTOPHER KEIM, *Keine Anwendung des § 139 BGB bei Kenntnis der Parteien von der Teilnichtigkeit?*, NJW 1999, 2866-2868.

[300] RCb 28-Mar.-2000 (ANTÓNIO GERALDES), CJ XXIV (2000) 2, 31-38 (35/I); conseguiu-se a solução pretendida (a da divisão) através das regras da usucapião que prevalecem, na verdade, sobre quaisquer outras.

[301] STJ 25-Abr.-1972 (ALBUQUERQUE ROCHA), BMJ 216 (1972), 144-146 = RLJ 106 (1973), 123-125. Com diversos elementos, cf. VICTOR R. CALVETE, *A forma do contrato-promessa e as consequências da sua inobservância* (1990), 54 ss..

possível se se verificassem as regras da redução[302]. As dúvidas suscitadas levaram a novo acórdão, com as secções cíveis reunidas, onde foi confirmada a primeira orientação do Supremo: na presença de uma só assinatura, valia o contrato como monovinculante[303]. Durante algum tempo, o Supremo conservou esta orientação: 3-Jan.-1975[304] e 18-Nov.-1975[305].

Todavia, em 26-Abr.-1977, o Supremo, num acórdão tirado com as secções reunidas, decidiu de modo diverso: apenas verificados os requisitos do artigo 292.º se poderia preservar, como monovinculante, um contrato-promessa assinado só por uma das partes[306]. Em novo acórdão, o Supremo manteve esta orientação[307]. O tema conheceu uma acalmia: o Supremo, em repetidos acórdãos, renovou essa opção: 7-Nov.-1978[308], 4-Dez.-1979[309], 3-Jun.-1980[310], 11-Mar.-1982[311], 7-Fev.-1985[312] e 29-Nov.-1989[313], numa posição respeitada pelas Relações[314].

As dúvidas voltaram a suscitar-se, surgindo decisões que admitiam a imediata convolação para a promessa monovinculante, na presença duma única assinatura[315]. O Supremo, com todo o formalismo então aplicável, tirou um assento, assim lavrado – 29-Nov.-1989:

---

[302] Anot. a STJ 25-Abr.-1972, RLJ 106 (1973), 125-127 (127).

[303] STJ 2-Jul.-1974 (ARALA CHAVES), BMJ 239 (1974), 168-177 = RLJ 108 (1976) 280-286, Anot. VAZ SERRA, loc. cit., 286-288 e 291-299 (294), desfavorável.

[304] STJ 3-Jan.-1975 (ARALA CHAVES), BMJ 243 (1975), 235-239.

[305] STJ 18-Nov.-1975 (RODRIGUES BASTOS), BMJ 252 (1975), 235-239.

[306] STJ 26-Abr.-1977 (RODRIGUES BASTOS), BMJ 266 (1977), 156-159.

[307] STJ 10-Mai.-1977 (OLIVEIRA CARVALHO), BMJ 267 (1977), 139-142 = RLJ 111 (1978), 106-108, Anot. VAZ SERRA, idem, 109-110 (110), sublinhando, aqui, a presença duma "invalidade negocial".

[308] STJ 7-Nov.-1978 (AQUILINO RIBEIRO), BMJ 281 (1978), 296-298.

[309] STJ 4-Dez.-1979 (RUI CORTE-REAL), BMJ 292 (1980), 352-356.

[310] STJ 3-Jun.-1980 (SEQUEIRA CARVALHO), BMJ 298 (1980), 283-285.

[311] STJ 11-Mar.-1982 (MÁRIO DE BRITO), BMJ 315 (1982), 249-254.

[312] STJ 7-Fev.-1985 (CAMPOS COSTA), RLJ 111 (1986), 16-19, Anot. ALMEIDA COSTA, idem, 19-22.

[313] STJ 29-Nov.-1989 (MENÉRES PIMENTEL), BMJ 391 (1989), 610-617 = RDES XXXV (1993), 185-196 (194), anot. CARVALHO FERNANDES, idem, 196-238, discordante. Nesta mesma data foi tirado o Assento do Supremo, abaixo referido.

[314] Assim, RCb 16-Mar.-1982 (MARQUES CORDEIRO), CJ VII (1982) 2, 79-82 (82/II) e RCb 30-Mai.-1989 (PIRES DE LIMA), CJ XIV (1989) 3, 80-83.

[315] STJ 29-Abr.-1986 (ALMEIDA RIBEIRO), BMJ 356 (1986), 358-363.

§ 16.º Reformulação da teoria da invalidade

No domínio do texto primitivo do n.º 2 do artigo 410.º do Código Civil vigente, o contrato-promessa bilateral de compra e venda de imóvel, exarado em documento assinado apenas por um dos contraentes é nulo, mas pode considerar-se válido como contrato-promessa unilateral, desde que essa tivesse sido a vontade das partes[316].

Resolveu-se um problema, mas criou-se outro: o assento impedia transmutações automáticas, mas não dizia se o aproveitamento da promessa inválida se fazia pela redução ou pela conversão. A doutrina dividiu-se: Almeida Costa, com base na fundamentação do assento, inclinou-se para a redução[317], enquanto Antunes Varela preferiu a conversão[318]. A jurisprudência subsequente passou a tentar interpretar o ambíguo assento de 29-Nov.-1989. Houve arestos no sentido da conversão[319] e no sentido da redução[320], com uma insistência do Supremo nesta última: STJ 25-Mar.-1993[321], 9-Jan.-1997[322] e 12-Mar.-1998[323]. Mas o importante acórdão de 25-Nov.-2003 veio optar pela conversão[324].

A questão não era de mera qualificação: envolvia o regime. A redução pode ser travada mostrando-se que o negócio não teria sido concluído sem a parte viciada – 292.º – o que constitui um aceno à vontade real; a conversão pelo contrário, apela a uma vontade hipotética modelada pelo fim, mais objectiva – 293.º. Além disso, o ónus da prova não é coincidente; na redução, o interessado deve provar a divisibilidade do negócio cabendo à contraparte demonstrar que ele não teria sido concluído senão na totalidade; na conversão, cabe ao interessado fazer prova de que teria havido – a saber-se da invalidade – um negócio diverso.

---

[316] STJ(P) 29-Nov.-1989 (Castro Mendes), BMJ 391 (1989), 101-106 = RLJ 125 (1992), 214-218, com diversas declarações e com votos de vencido.

[317] Almeida Costa, Anot. Assento 29-Nov.-1989, RLJ 125 (1992), 222-224 (224) e *Direito das Obrigações*, 10ª ed. (2006), 395.

[318] Antunes Varela, *Das obrigações em geral*, 1, 10ª ed. (2000), 326.

[319] Assim, RCb 6-Set.-1992 (Francisco Lourenço), CJ XVII (1992) 4, 68-71 (70).

[320] RPt 18-Dez.-1995 (Reis Figueira), CJ XX (1995) 5, 233-237 (237/II), chamando – e bem – a atenção para o papel da boa fé, em qualquer decisão.

[321] STJ 25-Mar.-1993 (Miranda Gusmão), CJ/Supremo I (1993) 2, 39-42 (41/II).

[322] STJ 9-Jan.-1997 (Miranda Gusmão), BMJ 463 (1997), 544-559 (552), num excelente e muito bem elaborado acórdão.

[323] STJ 12-Mar.-1998 (Costa Soares), CJ/Supremo VI (1998) 1, 124-127 (126/I).

[324] STJ 25-Nov.-2003 (Azevedo Ramos), CJ/Supremo XI (2003) 3, 161-165 (162/I): um acórdão muito bem documentado e de fino recorte doutrinário.

Pela nossa parte, sempre temos preconizado uma interpretação-aplicação conjunta dos dois preceitos, a que acrescentaríamos ainda, pelo menos, o artigo 239.º, com o seu apelo à boa fé, devidamente concretizado. A jurisprudência tem vindo, de resto, a aproximar-se desse caminho.

De todo o modo e no tocante ao contrato-promessa, não podemos deixar de sublinhar o seguinte: uma promessa monovinculante é visceralmente diferente da bivinculante: na primeira, surge uma parte sujeita ao livre arbítrio de outra, o que não sucede na segunda. Não há, aqui, um mero problema de "invalidade parcial": o ponto é tão importante que todo o contrato fica atingido. Apenas a conversão podia salvá-lo. Só que, surpreendentemente, a redução poderá, *in concreto*, salvaguardar melhor os interesses do contratante vinculado, dadas as facilidades probatórias.

Donde a importância do papel da boa fé, para assegurar o predomínio da solução mais justa.

VI. As regras da redução podem ter aplicação aos contratos coligados, isto é: às situações nas quais as partes celebrem dois ou mais contratos formalmente distintos, mas genética ou funcionalmente unidos. Pense-se em várias vendas simultâneas ou numa compra para revenda imediata. Nessa altura, a invalidade de um dos contratos coligados poderá acarretar a do outro (ou outros), salvo a aplicação das regras da redução.

Apenas haverá, aqui, uma diferente distribuição do ónus da prova: a situação de coligação deve ser invocada e provada por quem, delas, se queira prevalecer.

51. *A conversão*

I. Pela conversão, um negócio jurídico nulo ou anulado pode aproveitar-se, como negócio diverso, desde que reunidos determinados requisitos legais.

No Direito romano, admitia-se, em diversos actos, a possibilidade da conversão; tal hipótese era, contudo, negada noutras situações[325]. Como

---

[325] Cf. GIUSEPPE SATTA, *La converzione dei negozi giuridici* (1903), 21 ss., RAÚL VENTURA, *A conversão dos actos jurídicos no Direito romano* (1947), EMILIO BETTI, *Converzione del negozio giuridico (diritto romano)*, NssDI IV (1959), 810-811, e VINCENZO GIUFFRÈ, *L'utilizzazione degli atti giuridici mediante "converzione" in diritto romano* (1965),

§ 16.° Reformulação da teoria da invalidade

figura geral, todavia, a conversão foi ignorada no período intermédio. O primeiro reconhecimento geral dessa figura deveu-se a Harpprecht, tendo sido apresentado em 1747[326]: trata-se, assim, duma manifestação racionalística do *usus modernus*.

As dificuldades em atingir a conversão em termos periféricos explicarão o silêncio de Domat e de Pothier e, daí, o facto de ela não ser referida na primeira geração de códigos civis: nem o Código Napoleão nem o nosso Código de Seabra se lhe reportam[327]. De todo o modo a pandectística acolheu-o[328], aperfeiçoando-o e logrando a sua consagração no § 140 do BGB[329].

Na doutrina portuguesa, as primeiras referências gerais à conversão datarão do *Tratado* de Cunha Gonçalves, tendo sido expendidas a propósito do artigo 10.° do Código de Seabra[330]. Mais tarde, ela foi acolhida pela generalidade da doutrina, com relevo para Manuel de Andrade[331]: estava assegurada a sua consagração no Código Civil de 1966. Bastante importante foi o tratamento da conversão no Código Civil italiano, mais precisamente no artigo 1424[332].

---

com as importantes rec. de GIUSEPPE GANDOLFI, IVRA XVII (1966) 2, 417-422 e de GUNTER WESENER, SZRom 85 (1968), 502-508.

[326] *Vide*, em especial, CHRISTOPH KRAMPE, *Die Konversion des Rechtsgeschäfts* (1980), 28 ss. e CARVALHO FERNANDES, *A conversão* cit., 153 ss..

[327] Em especial, cf. o 2.° vol. de GIUSEPPE GANDOLFI, *La converzione dell'atto invalido/Il problema in proiezione europea* (1988).

[328] WINDSCHEID/KIPP, *Pandekten*, 9ª ed. cit., 430-431, com diversas indicações; cf., particularmente, o 1.° vol. de GANDOLFI, *La converzione* cit. / *Il modelo germanico* (1984).

[329] A nível monográfico, cf. MANFRED KAHL, *Grenzen der Umdeutung rechtsgeschäftlichen Erklärung (§ 140 BGB)* (1985), em 400 pp. maciças, com indicações; com elementos mais recentes, STAUDINGER/HERBERT ROTH, *BGB* (2003), § 140 (478 ss.).

[330] CUNHA GONÇALVES, *Tratado* cit., 1, 403 ss.; segundo o § único do artigo 10.° do Código de SEABRA,

> Esta nulidade pode, contudo, sanar-se pelo consentimento dos interessados, se a lei infringida não for de interesse e ordem pública.

CUNHA GONÇALVES citava, a propósito da conversão, WINDSCHEID, SALEILLES e GIUSEPPE SATTA, *La converzione dei negozi giuridici* cit.. Nos meados do século XX, para além do estudo citado de RAÚL VENTURA, refira-se ALBINO ANSELMO VAZ, *A conversão e a redução dos negócios jurídicos*, ROA 5 (1945), 131-173 e EDUARDO CORREIA, *A conversão dos negócios jurídicos ineficazes*, BFD XXIV (1948), 360-389.

[331] MANUEL DE ANDRADE, *Teoria geral* cit., 2, 436 ss..

[332] Quanto à actual dogmática italiana, cf. VINCENZO FRANCESCHELLI, *Converzione del negozio nullo*, DDP/SCiv IV (1989), 376-382.

II. Na construção jurídica da conversão encontramos uma primeira orientação que, nela, via a passagem de um primeiro para um segundo negócio, através do aproveitamento de alguns elementos naquele contidos: é a tese dualista. Subsequentemente impôs-se uma outra opção, mais realista e adequada: apenas há *um* negócio; simplesmente, verificada uma falha que impeça a sua validade e eficácia plenas, impõe-se, pela interpretação, um conteúdo que não suscite tais óbices: a orientação diz-se monista[333]. Efectivamente, a conversão exprime, no fundo, uma interpretação melhorada do negócio, de modo a, dele, fazer uma leitura sistemática e cientificamente correcta. No fundo, não há qualquer conversão de "negócios": convertem-se, sim, meras declarações.

III. Os condicionalismos legais da conversão resultam do artigo 293.º[334]:

– a manutenção dos requisitos essenciais de substância e de forma;
– o respeito pela vontade hipotética das partes.

O primeiro requisito deve ser integrado com os elementos a retirar dos artigos 236.º/2 e 238.º/2: não faria sentido, pela simples interpretação, obter, de declarações negociais, negócios inatingíveis pela conversão. Os requisitos essenciais terão de ser imputáveis à vontade comum das partes, antes e depois da conversão, enquanto a forma deve ser aferida de acordo com as suas razões determinantes.

O segundo requisito leva-nos à integração. A vontade hipotética aqui dominante – e que constitui o motor da conversão – deve ser aferida segundo a boa fé e os demais elementos atendíveis[335] exigindo, como se sabe, uma valoração objectiva[336] Trata-se de uma questão-de-direito, que não deve ser quesitada. Todavia, os elementos fácticos de que ela se depreenda – e que podem, eventualmente, transcender o mero contrato – têm de

---

[333] Trata-se duma contraposição que pode ser seguida em CARVALHO FERNANDES, *A conversão* cit., *passim*. Este Autor propõe o termo "re-valoração" do negócio, para explicar a conversão.

[334] Cf. STJ 20-Mai.-1997 (FERNANDES MAGALHÃES), CJ/Supremo V (1997) 2, 86-89 (89/I) e RCb 20-Mai.-1997 (SILVA FREITAS), CJ XXII (1997) 3, 14-22 (16/II).

[335] *Vide* o nosso Tratado I/1, 3ª ed., 777 ss..

[336] RLx 15-Dez.-1999 (SALVADOR DA COSTA), CJ XXIV (1994) 5, 125-132 (130/I).

§ 16.° *Reformulação da teoria da invalidade* 117

ser invocados e provados pelos interessados, nos termos gerais. A vontade é o grande motor de todos os institutos privados: sem ela, não se põe a hipótese de alterar qualquer negócio, mesmo anómalo[337].

IV. O funcionamento prático da conversão tem sido entravado por pressupostos legalistas e conceptuais. Assim, em STJ 8-Abr.-1969, recusou-se a conversão de uma adopção (não reconhecida à luz do Código de Seabra) em doação *mortis causa* por se tratar de um negócio inexistente e não nulo[338]: uma pura violência, dado ser claríssima e lícita a vontade das partes aí envolvidas. Posteriormente, a maioria das invocações de conversão tem a ver com o aproveitamento de contratos, nulos por falta de forma, na modalidade dos correspondentes contratos-promessas. Tem havido alguma dificuldade em manusear o instituto: as partes interessadas ora omitem os elementos necessários à determinação da vontade hipotética[339] ora não invocam a própria conversão[340], a qual não é de conhecimento oficioso[341]. Mas também se exacerba o aspecto conceptual da forma: a conversão poderia levar à frustração do fim da lei ao sujeitar certos negócios a escritura pública[342]. Não é assim: se o "negócio" resultante da conversão não estiver sujeito a escritura, nada haverá a objectar.

---

[337] Tal o caso de RPt 6-Mai.-2004 (GONÇALO SILVANO), CJ XXIX (2004) 3, 170-174: um arrendamento por baixo preço a favor de uma filha nem é simulação nem dá azo a conversão: foi mesmo isso o que as partes quiseram.

[338] STJ 8-Abr.-1969 (JOAQUIM DE MELO), BMJ 186 (1969), 230-234 = RLJ 103 (1970), 312-315, com um excelente voto de vencido de RUI GUIMARÃES. O acórdão tem, todavia, uma anotação favorável de PIRES DE LIMA, *idem*, 315-320 (319), baseado no desrespeito de regras formais, que nunca poderíamos seguir.

[339] STJ 6-Jan.-1970 (CARVALHO JÚNIOR), BMJ 193 (1970), 322-324 (324); na época, contudo, a vontade hipotética era considerada um facto quesitável, o que, hoje, já não sucede; tratava-se de converter um arrendamento nulo por falta de forma numa promessa de arrendamento. Todavia, em STJ 18-Mai.-2004 (REIS FIGUEIRA), CJ/Supremo XII (2004) 2, 63-65 (64/II), desamparou-se uma conversão por os autores não terem alegado a vontade hipotética; a solução estará correcta se se ler: não alegaram os factos de onde se inferiria a vontade hipotética, como abaixo se diz no texto.

[340] STJ 4-Mai.-1993 (PAIS DE SOUSA), CJ/Supremo I (1993) 2, 86-89 (89/II): uma conversão duma cessão de exploração, nula por falta de forma, num arrendamento.

[341] STJ 5-Nov.-1998 (TORRES PAULO), CJ/Supremo VI (1998) 3, 93-95 (94-95).

[342] STJ 17-Dez.-1974 (ABEL DE CAMPOS), BMJ 242 (1975), 257-261 (260): pretendia-se converter em promessa de arrendamento um arrendamento ferido de nulidade formal.

A vontade hipotética ou conjectural tem sido sublinhada[343]. Em data mais recente, o Supremo tem vindo a acolher a conversão, para ressalvar contratos formalmente nulos: é invocada a justiça e o sistema e a necessidade duma "re-valorização" (Carvalho Fernandes), em nome do fim económico--social[344]. Trata-se de uma via que consideramos animadora.

V. O Direito conhece hipóteses de conversão legal: perante certas desconformidades, indica, de imediato, qual o destino dos negócios atingidos – p. ex., no artigo 1306.º/1[345]. Caso a caso deveremos verificar, pela interpretação se é possível bloquear a "conversão legal" pela não ocorrência dos requisitos previstos no artigo 293.º[346]. À partida, a resposta é positiva: estamos no Direito Civil.

52. *A sanação*

I. Finalmente, o negócio ineficaz pode ainda produzir efeitos, mercê da sua sanação. Usaremos o termo "sanação" num sentido amplo, de modo a abarcar todas as situações nas quais um negócio ineficaz venha, num momento superveniente, a recuperar a plena eficácia. Temos diversas possibilidades de sanação; como exemplos:

- a *validação*: o declaratário pode evitar a anulação do negócio concluído com erro do declarante, desde que aceite o negócio como o mesmo declarante o queira (248.º);
- a *confirmação*: um acto unilateral, relativo a negócios anuláveis e pelo qual a pessoa titular do direito potestativo de o impugnar opta pela sua validação (288.º);

---

[343] RPt 2-Mai.-1996 (SOUSA PEIXOTO), CJ XXI (1996) 3, 175-179 (176-177); recusa, contudo, a conversão duma venda em promessa de venda, por invocada falta de vontade hipotética.

[344] STJ 15-Out.-1996 (TORRES PAULO), CJ/Supremo IV (1996) 3, 59-62 (61/II e 62/I), referindo um outro acórdão, inédito: STJ 18-Jun.-1996 (TORRES PAULO), Proc. n.º 230/96. Admitiu-se, aí, contra a prática habitual do Supremo, a conversão duma cessão de exploração numa promessa de cessão. A ideia foi retomada em REv 17-Mai.-2001 (GRAÇA ROMBA), CJ XXVI (2001) 3, 270-271 (271/I)

[345] Cf. OLIVEIRA ASCENSÃO, *A tipicidade dos direitos reais* (1968), 95 ss.

[346] Cf. CARVALHO FERNANDES, *A conversão* cit., 583 ss..

§ 16.° Reformulação da teoria da invalidade

- a *ratificação*: um acto unilateral, relativo a um negócio ineficaz por ter sido concluído em nome de outrem sem poderes de representação, e pelo qual esta última legitima, *a posteriori*, o acto em causa (268.°/1); a ratificação manifesta-se, ainda, na hipótese da *electio*, num contrato para pessoa a nomear (453.°/1);
- a *caducidade* do direito de impugnar actos anuláveis: verifica-se passado um ano subsequente à cessação do vício que serve de fundamento à anulabilidade (287.°/1);
- a *reductio ad aequitatem*: no negócio anulável por usura, pode a parte lesada optar por requerer a modificação do negócio segundo juízos de equidade (283.°/1); paralelamente, requerida a anulação, pode a parte contrária opor-se ao pedido, declarando aceitar a modificação (283.°/2);
- a *prescrição* do direito de pedir a anulação, nos termos gerais (298.°/1);
- a *renúncia* ao direito de invocar a resolução do contrato;
- a *convalidação*, pela aquisição superveniente da coisa, por parte do vendedor de bem alheio (895.°) ou pela cessação da causa de invalidade do contrato de trabalho (118.°/1 do CT);
- a *convalescença*, por desaparecimento superveniente dos ónus ou limitações relativos à coisa vendida e que originavam a anulabilidade da venda (906.°/1); o vendedor fica, de resto, obrigado a fazer convalescer o contrato, mediante a limitação dos ónus ou limitações existentes (907.°/1);
- o *perdão*, que bloqueia a revogabilidade da doação [a ingratidão do donatário – 975.°, *c*)];
- a *sanação stricto sensu* do casamento anulável, por confirmação – 1633.°/1, *a*) e *b*) – ou por desaparecimento do óbice existente: *in casu* a declaração de nulidade ou a anulação do primeiro casamento do bígamo – 1633.°/1, *c*), todos do Código Civil.

II. Os institutos presentes devem ser estudados de modo particularizado. Todos têm os seus antecedentes histórico-comparatísticos, depondo contra qualquer natureza fechada e coesa do Direito codificado.

Todavia, há uma óbvia lógica de conjunto, contribuindo para um enriquecimento sistemático da teoria das ineficácias.

CAPÍTULO VI
A CONFIRMAÇÃO

§ 17.º Dogmática geral

53. *O núcleo normativo*

I. Os elementos obtidos permitem-nos, agora, regressar à confirmação, de modo a proceder à sua reconstrução dogmática.

A recepção do pandectismo permitiu à lei nacional acolher um núcleo normativo, pré-elaborado, da confirmação. Tal o papel do artigo 288.º, que passaremos a decompor nos seus elementos prescritivos.

II. A confirmação visa sanar a anulabilidade (288.º/1). Fica excluída a nulidade: além do elemento literal *a contrario*[347], depõe todo o sistema. Com efeito, sendo a confirmação um acto de um interessado, ela não poderia atingir a permissão genérica de invalidação que decorre da nulidade.

Trata-se de "sanar": a categoria global que traduz a restituição da (plena) eficácia a um acto que, por razões intrínsecas ou extrínsecas, dela estava privado. "Sanar" surge, todavia, como possibilidade ("sanável"): logo, a confirmação está na disponibilidade do interessado.

III. A confirmação compete à pessoa a quem pertencer o direito à anulação (288.º/2, 1ª parte). Lógico: só assim se explica o efeito, que ela assume, de sanar anulabilidades. De outra forma, ela surgiria expropriativa. Tem interesse relevar a locução legislativa "direito à anulação": estamos perante um verdadeiro direito potestativo, com toda a carga jurídico-científica que isso implica.

---

[347] Posto em relevo por Rui de Alarcão, *A confirmação* cit., 1, 129.

54. *Requisitos objectivos e subjectivos; ineficácia*

I. A confirmação "só é eficaz" (288.º/2, 2ª parte), cumulativamente:

– quando for posterior à cessação do vício que serve de fundamento
à anulabilidade;
– quando o seu autor tiver conhecimento do vício;
– e do seu direito à anulação.

O vício que originou a anulabilidade deve cessar: de outro modo,
conserva-se a causa eficiente da invalidade, não havendo como suprimi-la.
Assim, tratando-se, por exemplo, de erro ou de coacção: a parte deve ficar
totalmente esclarecida ou a sua liberdade moral irá recuperar total ampli-
tude. Trata-se de um requisito objectivo.

II. Mas além disso, temos dois requisitos subjectivos: a parte confirmante deve ter conhecimento:

– quer do vício;
– quer do seu direito potestativo à anulação.

Com efeito, a cessação superveniente do vício não poderia apagar a
sua ocorrência, no momento em que foi emitida a declaração de vontade.
Caberá agora ao confirmante ponderar os seus interesses e decidir se quer
ou não aproveitar o direito à anulação. Para tanto, ele deve conhecer tudo
quanto seja relevante e, designadamente: o vício e o direito à anulação.

III. A lei exige, como vimos e como requisitos subjectivos para a
confirmação, o conhecimento do vício e o do direito à anulação. Até onde
deve ir tal conhecimento? Na verdade, há vícios que suscitam complexas construções dogmáticas, sobre as quais os especialistas não estão de
acordo. Pense-se no "erro sobre os motivos" (252.º/1) ou no "erro sobre a
base do negócio" (252.º/2). Fica fora de questão exigir, ao interessado, o
domínio dessa matéria.

§ 17.º Dogmática geral

O conhecimento do vício é, simplesmente, a consciência dos factos que o originaram: o erro, o dolo ou a coacção, como exemplos. Não se exige a apreensão das particularidades jurídicas inerentes a esses fenómenos. Por seu turno, o conhecimento do "direito à anulação" – um direito potestativo de construção delicada – é, apenas, o ter presente a possibilidade de, mercê do vício, pôr termo ao negócio, sob pena de o confirmante nem ter consciência do acto que vai levar a cabo.

IV. Na falta de algum destes requisitos, a confirmação "não é eficaz". *Quid iuris*? A não-eficácia será, aqui, uma nulidade. Com efeito:

- a nulidade é a ineficácia comum, que ocorre sempre que a lei não predisponha a anulabilidade; ora, aqui, a lei nada explicita, pelo que caímos na nulidade;
- os valores subjacentes dizem-nos que uma "confirmação falsa" deve poder ser invocada por terceiros, uma vez que a verdadeira confirmação lhes é oponível;
- a eventualidade de "confirmações anuláveis" (e, logo, "confirmáveis") iria constituir um intolerável factor de suplementar complexidade, sem vantagens perceptíveis.

55. *Confirmação expressa e tácita; dispensa de forma*

I. A confirmação pode ser expressa ou tácita (288.º/3, 1ª parte). Trata-se da regra comum que emerge do artigo 217.º/1[348]. Nos termos gerais a confirmação tácita ocorre:

- perante comportamentos que, com toda a probabilidade, revelem a intenção de consolidar o negócio[349];
- quando o interessado prescinda de invocar anulabilidades[350];
- quando decorra um comportamento concludente com esse contúdo[351].

---

[348] *Vide* o nosso *Tratado*, I/1, 3ª ed., 543 ss.. Desenvolvidamente: PAULO MOTA PINTO, *Declaração tácita e comportamento concludente* (1995), 438 ss...

[349] RCb 11-Dez.-1979 (MARTINS DE ALMEIDA), BMJ 294 (1980), 406 (o sumário).

[350] RLx 20-Fev.-1992 (JOAQUIM DE MATOS), CJ XVII (1992) 1, 162-166 (165/II).

[351] STJ 3-Mar.-1998 (FERNANDES MAGALHÃES), BMJ 475 (1998), 610-615 (614-615).

A natureza tácita da confirmação não dispensa o conjunto dos seus elementos objectivos e subjectivos: cessação do vício e conhecimento quer do vício, quer do direito à anulação. Tudo isso deverá inferir-se seja dos próprios factos que "com toda a probabilidade", revelem a vontade tácita, seja de elementos circundantes razoáveis.

Na prática, a hipótese mais frequente de confirmação tácita ocorre quando o interessado, depois de ter manifestado o conhecimento de um vício já cessado e de se ter dado conta do direito à anulação, optar por executar o negócio.

II. A dispensa de forma solene para a confirmação surge como um elemento da maior importância, cuja origem remonta, como vimos, à pandectística.

Com efeito e *prima facie*, seria de esperar que, para a confirmação, se exigisse precisamente a mesma forma requerida para o negócio a confirmar. Entende a lei que, tendo a forma sido observada no negócio (meramente) anulável, os seus objectivos já haviam sido alcançados. Com efeito, a não ser impugnando nos prazos legais, o negócio anulável convalidar-se-ia pelo decurso do tempo sem que, jamais, lhe pudessem ser contrapostos óbices formais. Não haveria, pois, que exigir "forma" para a confirmação, sob pena de, no final, se chegar a um *plus* de formalismo.

III. Todavia, a questão não é tão simples. O direito à anulação pareceria constituir uma posição jurídica autónoma. Como dispor dela, pondo-lhe, designadamente, cobro, pela confirmação, sem ingressar na lógica do comércio jurídico? A confirmação da compra e venda de um imóvel não deveria sujeitar-se a escritura?

Pois bem: intervém, aqui, uma autónoma valoração legal. O facto de se tratar de mera anulabilidade e de estar em causa apenas o interesse do confirmante, somado ao *favor negotii* subjacente ao instituto, leva à desformalização da confirmação.

56. *A (aparente) eficácia retroactiva*

I. O artigo 288.º/4 prescreve uma eficácia retroactiva para a confirmação: mesmo em relação a terceiros, nas próprias palavras do legislador. E na verdade – como vimos – desde o século XVIII que a doutrina da *ratihabitio* proclama, sem contradita, a natureza retroactiva da confirmação.

§ 17.º *Dogmática geral* 125

Descritivamente, assim é. Dogmaticamente, porém, encontramos aqui algo de muito diverso.

II. A afirmação de retroactividade pressupõe que um *quid*, em princípio apto, *ex natura*, para produzir efeitos *in futurum*, mercê de um aditivo, os viesse a produzir, também, no passado. Será essa a ideia de uma lei retroactiva.

A ideia de agir no passado, fora da máquina de H. G. Wells, não é possível[352]. Quando se fala em "eficácia retroactiva" pretende-se, naturalmente, dizer que no presente e para o futuro, tudo se passará como se, no passado, se tivessem iniciado determinados efeitos jurídicos.

A esta luz teremos de entender uma pretensa retroactividade da confirmação.

III. Poderia a confirmação não ser "retroactiva"? Vamos ver.

Um negócio anulável é eficaz e deve ser plenamente cumprido pelas partes. Apenas com um senão: um dos intervenientes tem o direito potestativo de promover a sua anulação. Se não o fizer – ou enquanto o não fizer – o negócio tem, por si, forças suficientes para produzir os seus efeitos.

Sobrevindo a anulação esta tem, salvo excepções, eficácia retroactiva (289.º/1): o negócio será tratado, no presente, como se, no passado, ele não tivesse existido.

Pois bem: perante isso, a confirmação não tem, em rigor, eficácia retroactiva. De facto, quando ela ocorra, o negócio será tratado como se, *ab initio*, fosse válido. Mas na falta de confirmação, e a menos que sobreviesse uma anulação, o negócio sempre funcionaria, *ab initio*, como válido.

IV. Retiramos, daqui, que a confirmação não é propriamente retroactiva, no sentido de comportar um aditivo capaz de lhe dar uma projecção para o passado que, em si, ela não teria. A confirmação *é*, muito simplesmente. E sendo-o, ela impede que, no futuro, ocorra qualquer anulação que, essa sim, teria efeitos no passado.

---

[352] H. G. WELLS (1866-1946), ensaísta e novelista britânico, conhecido como grande autor de ficção científica, cujos cenários foram, mais tarde, retomados por gerações de escritores e realizadores. Especialmente conhecido pelo clássico *The War of the Worlds* (1898), WELLS foi o autor de outro clássico, *The Time Machine* (1895), em que prefigurava uma máquina capaz de viajar no tempo.

A confirmação, pelo que é, sana negócios anuláveis. A retroactividade surge apenas por contaminação vocabular com a retroactividade de uma hipotética anulação. Não há retroactividade, até porque nem existe alternativa lógica.

Por isso se compreende que a confirmação seja "eficaz" perante terceiros. Em rigor, não o é, nem o poderia ser. Eficaz perante terceiros é, sim, o negócio confirmado.

57. *"Animus confirmandi"?*

I. Pergunta-se, perante o mapa do regime da confirmação, se se exige, no confirmante, uma específica intenção de sanar o negócio: um *animus confirmandi*.

O aprofundamento desta questão obrigaria a rediscutir a articulação da vontade com o Direito[353]. Não colocaremos a matéria neste plano. Apenas se pergunta se o sujeito confirmante deve, como elemento autónomo, patentear uma especial vontade de confirmar.

II. A confirmação é autonomizada, na Lei e na Ciência, pelas contingências da linguagem humana. De facto, a confirmação inscreve-se como dado de um processo cabal e mais dinâmico: o negócio a que ela se reporta. Apenas este releva, em termos humanos.

O confirmante quer, muito singelamente, o negócio em jogo e a sua execução. Haverá um *animus negotii*: sempre o haveria, ou faleceriam as declarações de vontade, declarações essas nas quais, de resto, o tal *animus negotii* se dissolve. Mas não, como autónomo nem, muito menos, necessário, um *animus confirmandi*.

---

[353] *Vide* o nosso *Tratado* I/1, 3ª ed., 451 ss..

§ 18.º Delimitações e natureza

58. *Ratificação e aprovação*

I. Historicamente, a ratificação deriva da *ratihabitio* a qual, até Seuffert, incluía também a confirmação. Hoje, não há confusão possível.

A ratificação (268.º) é um acto jurídico unilateral que estabelece, *a posteriori*, um vínculo de representação. Esta, como se sabe, exige:

– uma actuação *nomine alieno*;
– por conta dele;
– com poderes.

Pois bem: a ratificação vem, supervenientemente ou após a conclusão do negócio, conferir os poderes em causa.

II. Estruturalmente, a ratificação configura-se como um acto que vem conferir eficácia a um negócio que, de outra forma, dela careceria. Materialmente, porém, ela inscreve-se no poder genérico que todos os sujeitos do Direito têm de constituir representantes voluntários. O regime é bem distinto da da confirmação, que nada tem a ver com isso. Assim, a ratificação:

– está sujeita à forma da procuração (268.º/2), a qual equivale à forma exigida para o negócio a realizar (262.º/2);
– tem eficácia retroactiva (268.º/2, *in medio*), uma vez que obriga a tratar o negócio ratificado como se, *ab initio*, houvesse poderes de representação;
– mas respeitando os direitos de terceiros (268.º/2, *in fine*) justamente porque aqui – e ao contrário da confirmação – há verdadeira eficácia retroactiva.

III. A aprovação (469.º) é um acto próprio do dono do negócio, perante a gestão. Por essa via, o *dominus*:

- renuncia a quaisquer direitos que pudesse ter contra o gestor;
- reconhece o direito do gestor a reembolsos e a indemnizações.

Trata-se do exercício de um direito potestativo, com efeitos complexos. Não se prende, de modo específico, com qualquer acto, isoladamente tomado.

59. *Validação,* reductio, *convalidação, convalescença e perdão*

I. A confirmação não se confunde com um quinteto constituído pela validação, pela *reductio ad aequitatem*, pela convalidação, pela convalescença e pelo perdão. Comecemos por recordar o perfil destas figuras.

A validação, prevista no artigo 248.º, é o acto pelo qual, perante um negócio anulável por erro, o interessado evita a anulação aceitando o negócio tal como o declarante incurso no erro o pretendia. Tecnicamente, a validação surge como uma aceitação de proposta equivalente à (má) representação real do declarante errado.

A *reductio ad aequitatem* (283.º) é uma validação especialmente adaptada aos negócios usurários. Desta feita, o negócio usurário é validado, desde que reconvertido a proporções justas. Subjacentes estão as inerentes propostas, que os interessados irão aceitar.

A convalidação equivale à sanação automática de um negócio inválido (quiçá: nulo!) pelo desaparecimento superveniente dos vícios que o afectavam. Só é possível *ope legis*: é o que sucede na convalidação da venda de bens alheios, nula, por, supervenientemente, o vendedor adquirir a propriedade da coisa ou a titularidade do direito (895.º) ou por, também supervenientemente, desaparecer a causa da invalidade de um contrato de trabalho (118.º/1, do CT). A convalidação *ope legis* é excepcional: depende sempre de um preceito legal, devidamente apoiado na lógica do sistema (sob pena de inconstitucionalidade), que a prescreva.

A convalescença é uma modalidade de convalidação, aplicável a certas vendas anuláveis (906.º/1). Como especialidade: constitui objecto de um dever do vendedor (907.º/1), o qual deve fazer cessar os ónus ou limitações relativos à coisa vendida e que provocavam a anulabilidade. Trata-se do produto de um dever legal acessório.

O perdão traduz um acto unilateral pelo qual o doador releva o donatário ingrato da sua falta; com isso, põe-se termo à revogabilidade da doa-

§ 18.º Delimitações e natureza

ção por ingratidão – 975.º, *c*). Trata-se de uma figura própria das doações, que equivale a um direito potestativo mais vasto.

II. Todas estas figuras têm em comum o repescar um negócio ferido de invalidade ou de revogabilidade. Simplesmente, em vez de traduzirem um acto voluntário que sana, simplesmente, um negócio anulável, as figuras apontadas:

- ora conduzem a um negócio diferente do inicial: validação e *reductio*;
- ora equivalem a uma intervenção legislativa empenhada em fazer cessar certas invalidades: convalidação e convalescença;
- ora traduzem o relevar de certas faltas: perdão.

Estas figuras devem ser procuradas, localizadas, interpretadas e construídas nos mais diversos locais normativos. Uma clivagem importante separa as voluntárias (validação, *reductio* e perdão) das legais ou obrigatórias (convalidação e convalescença). Há que ter um especial cuidado com as flutuações terminológicas, devendo evitar-se apriorismos na fixação dos regimes respectivos.

60. *Caducidade, prescrição e renúncia ao direito de anular*

I. O direito de anular um negócio jurídico é, tecnicamente, potestativo. Mas é um direito: uma posição jurídica activa, assente numa permissão normativa de desencadear certos efeitos de direito. Esse direito é prejudicado (veremos em que termos) pela confirmação. Mas ele pode, também, cessar por outras vias.

II. Desde logo, pela sobreveniência de um facto a que a lei associe a sua extinção: a caducidade. Esta ocorre, designadamente, pelo decurso do prazo de um ano após o conhecimento do vício que baseia a anulabilidade (287.º/1). A caducidade não envolve nenhum acto voluntário embora, *summo rigore*, dependa da vontade do titular do direito à anulação. O seu regime é bem distinto do da confirmação: artigos 328.º e seguintes.

Independentemente de se iniciar o prazo de caducidade, o direito à anulação sujeita-se à prescrição (298.º/1): nenhuma disposição legal proclama, aqui, uma posição imprescritível. Também aqui os regimes são inconfundíveis, embora os efeitos práticos desemboquem, todos, na sanação do negócio.

III. Mais complicada parece ser a figura da renúncia ao direito de anular o negócio. Conceptualmente, poderemos dizer que:

– a confirmação visa o negócio anulável, sanando-o;
– a renúncia dirige-se ao direito de anular ou impugnar o negócio, extinguindo-o.

Perante este quadro, os requisitos são diferentes. Enquanto a confirmação exige a cessação do vício e o conhecimento deste e do direito de anular, a renúncia a este último direito requer, apenas, que ele seja disponível.

IV. Não é possível confirmar um negócio antes de estar claramente determinada uma qualquer anulabilidade que o vicie. Quanto a renunciar previamente à invocação de qualquer anulabilidade: tudo depende do tipo de negócio em causa. Se é possível doar o que ele represente, também será possível a renúncia a invocar eventuais anulabilidades. Todavia, a renúncia não pode ser aleatória, sob pena de não gerar situações civis. Ou seja: não é possível renunciar a hipotéticas anulabilidades, sejam elas quais forem. Mas em situações mais delimitadas – p. ex.: adquire-se um quadro na perspectiva de ser um Malhoa; mas desde já se renuncia a pedir a anulação na hipótese de ser uma cópia – a renúncia será possível. Mas não a confirmação.

61. *A renovação de actos nulos*

I. Os actos nulos não podem ser confirmados[354]. Mas podem ser renovados, isto é: podem as partes que os tenham celebrado, corrigidos os vícios, proceder a uma nova conclusão de um contrato idêntico (quanto possível, uma vez que desapareceram os vícios) ao anterior. E podem mesmo, quando isso seja possível, conferir, ao novo contrato, uma eficácia retroactiva, reportada à conclusão do contrato anterior.

---

[354] *Vide supra*, n.º 20, a discussão havida a propósito do § 141 do BGB e que concluiu, precisamente, pela presença, sob a capa da "confirmação de actos nulos", de uma nova celebração dos negócios em causa.

§ 18.° Delimitações e natureza

II. O Direito alemão prevê a figura da renovação do contrato, a coberto da expressão (muito criticada) da confirmação de actos nulos. No nosso Direito, isso não sucede, em sede geral.

Todavia, ocorrem algumas referências singulares à confirmação de certos actos nulos. Teremos de, caso a caso, verificar do que se trata. A *renovatio contractus* estará, porém, sempre presente.

62. A natureza

I. Chegamos, agora, ao momento de determinar a natureza da confirmação. Trata-se de um acto jurídico unilateral, *stricto sensu*, assente numa declaração de vontade não-recipienda. Vamos decompor a figura:

- um acto jurídico: corresponde a uma livre conformação da vontade humana, com efeitos jurídicos;
- unilateral: ela depende de uma única pessoa;
- *stricto sensu*: há liberdade de celebração, mas não de estipulação[355]; noutros termos: quando se pretendessem introduzir "cláusulas" na confirmação, estaríamos já perante algo de diferente do previsto no artigo 288.°;
- assente numa declaração de vontade não-recipienda: a confirmação é eficaz logo que denote a vontade do interessado; não se exige que a contraparte a receba ou dela tenha conhecimento.

II. O ponto da liberdade de estipulação exige desenvolvimento. A confirmação visa levantar a dúvida da anulabilidade. Poder-se-á imaginar uma confirmação onerosa, condicionada ou, simplesmente, inserida num negócio mais vasto? Cremos que não. Qualquer dessas eventualidades iria tornar mais onerosa a posição da contraparte. Esta teria, pois, de aceitar. Com isso, a confirmação deixaria, de facto, de ser um acto *stricto sensu*, passando a negócio. Mas seria, igualmente, um contrato. Estaríamos longe da figura ora em estudo.

III. Enquanto acto unilateral, a confirmação visa o negócio jurídico a que se reporta. A vontade do confirmante é a de que o negócio em questão

---

[355] De acordo com o critério de PAULO CUNHA; cf. o nosso *Tratado*, I/1, 3ª ed., 448.

fique consolidado, pondo cobro à incerteza existente. Não se trata, apenas, de não exercer o direito de anulação: para isso, bastaria nada fazer, aguardando o decurso do prazo de caducidade do direito de impugnar. Antes se procura, desde logo, evitar que, sobre o negócio, se mantenham quaisquer dúvidas.

IV. Em termos de construção dogmática, a confirmação inscreve-se num direito potestativo mais vasto e que assiste ao beneficiário de uma anulabilidade. Esse direito envolve:

- a possibilidade de anular;
- a possibilidade de não-cumprir, invocando, a anulabilidade como excepção (287.º/2, *in fine*);
- a possibilidade de confirmar.

A renúncia à anulação apenas traduz um modo de exercício do poder a esta correspondente.

Em qualquer caso, fica clara a interligação existencial entre o poder de anular e o de confirmar.

CAPÍTULO VII

"CONFIRMAÇÕES" ESPECIAIS E "CONFIRMAÇÕES" ANÓMALAS

§ 19.º O testamento e as suas particularidades

63. *Justificação da sequência*

I. A preparação do Código Civil de 1966 foi oficializada pelo Decreto n.º 33.908, de 4 de Setembro de 1944, que determinou o início dos trabalhos[356]. Foi prevista uma Comissão, presidida por Vaz Serra. Este, por seu turno, propôs os restantes membros, tendo depois a Comissão distribuído as tarefas, no seu seio[357]. Manuel de Andrade ficou com a Parte geral; Vaz Serra, com o Direito das obrigações; Pires de Lima, com os Direitos reais e o Direito da família e Paulo Cunha, com o Direito das sucessões. Efectivamente, o Prof. Paulo Cunha assegurava, na Faculdade de Direito de Lisboa, a regência de *Direito Civil (Família e Sucessões)*, na reforma de 1928, o que fez de 1939-1940 a 1943-1944. Após a reforma de 1945, Paulo Cunha assegurou a regência de *Direito Civil (Direito das sucessões)* entre 1945 e 1948[358]: a disciplina foi, depois, entregue a M. Gomes da Silva. Paulo Cunha ingressou no Governo, tendo a matéria das sucessões, no que seria o Código Civil de 1966, sido entregue a Inocêncio Galvão Telles e, depois, apropriada por Pires de Lima. De todo o modo, o Prof. Paulo Cunha deixou o seu nome ligado a uma vigorosa renovação na forma de abordar o Direito

---

[356] *Vide* o nosso *Tratado* I/1, 3ª ed., 128 ss..

[357] ADRIANO VAZ SERRA, *A revisão geral do Código civil / Alguns factos e comentários*, BMJ 2 (1947), 24-76 (32 ss.).

[358] Deste ensino resultaram lições: PAULO CUNHA, *Direito das sucessões* (1947).

134   *"Confirmações" especiais e "confirmações" anómalas*

das sucessões: razão sobeja para não descurarmos o tema da confirmação no campo sucessório e, em especial, no testamento.

II. A confirmação assume, no testamento, a feição especial que resulta do artigo 2309.º. Esse facto e a presença do Prof. Paulo Cunha, na área das sucessões, justificam que não se deixe passar o tema, no presente estudo, sem alguma atenção. Todavia, não é possível encetar a rubrica relativa à confirmação sem explicitar algumas das particularidades do testamento. Colheremos apoio, especialmente, na jurisprudência.

64. *O testamento: modalidades e interpretação*

I. O testamento é apresentado, no artigo 2179.º/1, como[359]:

> (...) o acto unilateral e revogável pelo qual uma pessoa dispõe, para depois da morte, de todos os seus bens ou de parte deles.

A vontade do testador deve ser manifestada de modo expresso e claro (2180.º). O testamento é um acto pessoal, insusceptível de ser feito por meio de representante (2182.º/1). Não podem testar os menores e os interditos por anomalia psíquica (2189.º), sob pena de nulidade (2190.º).

II. O testamento pode assumir duas formas (2204.º): público, quando escrito pelo notário, no seu livro de notas (2205.º); cerrado, quando escrito e assinado pelo testador[360] ou quando por outra pessoa a seu rogo, ou escrito por outra pessoa a rogo do testador e por este assinado (2206.º). O testamento cerrado deve, depois, ser aprovado por notário (2206.º/4), sendo a data da aprovação havida como a do testamento (2207.º). O testamento cerrado, dada a sua pessoalidade, não pode ser feito por quem não saiba ou não possa ler (2208.º), sob pena de nulidade, por violação

---

[359] STJ 12-Mai.-1992 (BEÇA PEREIRA), BMJ 417 (1992), 759-766 (762).

[360] Também se diz "hológrafo", quando manuscrito e assinado, numa figura autonomizada noutros ordenamentos. No espanhol, cf. STJ 12-Out.-2006 (SALVADOR DA COSTA), Proc. 06B3254/ITIJ.

§ 19.º O testamento e as suas particularidades   135

de forma (220.º)[361]. Os invisuais e os iletrados terão, pois, de recorrer ao testamento público[362].

III. Na interpretação do testamento, há que seguir uma via marcadamente subjectiva[363]. Com efeito, não cabe, aqui, tutelar a confiança de qualquer destinatário, uma vez que o testamento é puramente unilateral. O artigo 2187.º/1 manda procurar a vontade real do testador[364], de acordo com o contexto do testamento. Admite-se, mesmo, a prova complementar da vontade do testador; não surtirá, todavia, efeito, a vontade do testador que não tenha, no contexto, um mínimo de correspondência, ainda que imperfeitamente expressa (2187.º/2).

A temática interpretativa, centrada na vontade real do testador, surge muito marcada nos testamentos cerrados (*vide* o artigo 2315.º/3[365]). Com efeito, nestes casos, aparecem dúvidas interpretativas[366] que, em princípio, não terão lugar nos testamentos públicos. Aí, o notário usará uma linguagem técnica e precisa.

Por esta via, chegamos à conclusão que, nos testamentos cerrados, ainda haverá que garantir mais a genuinidade da vontade do testador.

65. *Os vícios*

I. O testamento sujeita-se, à partida, às regras relativas à invalidade dos negócios jurídicos em geral. Todavia, os competentes preceitos – artigos 2308.º e seguintes do Código Civil – estabelecem regras diferenciadas, especialmente adaptadas às características do acto em jogo.

---

[361] RPt 7-Mai.-2002 (ARMINDO COSTA), Proc. 0220378/ITIJ e JOSÉ DE OLIVEIRA ASCENSÃO, *Direito civil / Sucessões*, 5ª ed. (2000), 64. O testador poderá não assinar por não saber ou não poder – RPt 16-Dez.-1999 (SOUSA LEITE), Proc. 9930799/ITIJ; mas não pode é não o ler: ou por não saber, ou por não poder.

[362] Trata-se, de resto, da solução tradicional, presente no artigo 1764.º, § único, do Código de SEABRA.

[363] JOSÉ DE OLIVEIRA ASCENSÃO, *Direito civil / Sucessões*, 5ª ed. cit., 293 ss.. *Vide* o nosso *Tratado* I/1, 3ª ed., 768. Recordamos ainda o clássico de JOÃO ANTUNES VARELA, *Ineficácia do testamento e vontade conjectural do testador* (1950).

[364] STJ 30-Jan.-2003 (NEVES RIBEIRO), Proc. 02B4448/ITIJ.

[365] RPt 12-Set.-2006 (MARQUES DE CASTILHO), Proc. 0421317/ITIJ.

[366] RPt 14-Jan.-2003 (MARQUES DE CASTILHO), Proc. 0121577/ITIJ.

136 *"Confirmações" especiais e "confirmações" anómalas*

II. A falta e os vícios da vontade merecem regras próprias: artigos 2199.º a 2203.º[367]. A incapacidade acidental pode ocorrer com alguma frequência, uma vez que os testamentos são, por vezes, feitos por pessoas de idade avançada[368]. Compete, naturalmente, aos interessados, fazer a prova dos factos de onde se retire a incapacidade em causa[369]. Também a coacção pode atingir pessoas de idade, hipocondríacas e apavoradas pelo receio de não ter quem as assista, quando se trate de testar[370].

III. O testamento implica casos de indisponibilidade relativa, isto é: situações em que a lei proíbe se beneficiem certas pessoas (tutores, médicos, enfermeiros e sacerdotes), para evitar que a genuinidade da vontade do testador para ser afectada – artigos 2192.º e seguintes[371].

IV. Finalmente, há regras gerais sobre incapacidades (2189.º) e sobre formas (2208.º), já referidas e que, a não serem observadas, constituam vícios do acto.

66. A invalidade do testamento

I. A invalidade do testamento dá azo a todo um subsistema específico, com diversas regras distintas do regime geral dos negócios jurídicos.
Desde logo, há que ter presente os "vícios do testamento", diferentes dos dos quadros gerais e que engendram consequências em regra mais graves. Por exemplo, o testamento feito por incapazes é nulo (2190.º) e não, apenas, anulável (125.º).

II. O artigo 2308.º, do Código Civil, pressupõe, para a invalidação do testamento, acções. Logo, tal invalidação, ao contrário do que sucede em geral, é sempre judicial. Bem se compreende: por definição, não há, no testamento, um "destinatário" de qualquer declaração de invalidade.

---

[367] OLIVEIRA ASCENSÃO, *Direito civil / Sucessões*, 5ª ed. cit., 80 ss..
[368] STJ 9-Jun.-1987 (PEREIRA DE MIRANDA), Proc. 073696/ITIJ e STJ 13-Jan.-2004 (REIS FIGUEIRA), Proc. 03A3899/ITIJ (testadora com 97 anos e défice muito acentuado de visão e de audição, além de outras deficiências, e isso num testamento público).
[369] STJ 29-Out.-1974 (CORREIA GUEDES), Proc. 065280/ITIJ.
[370] STJ 22-Mai.-2003 (SALVADOR DA COSTA), Proc. 03B1300/ITIJ.
[371] Cf. STJ 13-Mai.-2004 (ARAÚJO BARROS), Proc. 04B1452/ITIJ.

§ 19.° O testamento e as suas particularidades

III. Seguidamente, temos regras específicas quanto a prazos. Segundo o artigo 2308.°:

- a acção de nulidade do testamento ou de disposição testamentária caduca ao fim de dez anos, a contar da data em que o destinatário teve conhecimento do testamento e da causa da nulidade (n.° 1)[372]; na nulidade em geral, não há prazo: 286.°;
- a acção de anulação caduca, por seu turno, ao fim de dois anos a contar da data em que o interessado teve, igualmente, conhecimento do testamento e da causa da anulabilidade (n.° 2); na anulabilidade em geral, o prazo é de um ano, contado a partir da cessação do vício que lhe serve de fundamento (287.°/1).

Resulta, daqui, uma certa aproximação entre as figuras da nulidade e da anulabilidade[373].

IV. Temos, ainda, outra particularidade: à caducidade aqui em jogo aplicam-se as regras da suspensão e da interrupção da prescrição (2308.°/ /3). Trata-se, assim, de uma hipótese prevista pelo artigo 328.°: a de a lei determinar que, à caducidade, se aplique a suspensão e a interrupção do prazo.

V. Porquê estas especificidades? Algumas resultam da natureza das coisas. Por exemplo: não pode, no testamento, iniciar-se uma contagem de prazo a partir da cessação do vício uma vez que, em regra, este, estando conectado com o *de cuius*, não mais pode ser corrigido. Outras têm a ver com opções legislativas: a de permitir, através de uma caducidade de dez anos, a sanação da nulidade do testamento e a de alongar, para dois, o prazo de um ano da anulação. E também uma opção legislativa, especialmente adaptada aos testamentos, levou a que as caducidades aqui em jogo fossem temperadas pela aplicabilidade das regras da suspensão e da interrupção do prazo.

---

[372] Quanto à acção de nulidade de testamento cerrado: STJ 10-Mar.-1998 (MARTINS DA COSTA), Proc. 98A019/ITIJ.

[373] RPt 21-Set.-2004 (FERNANDO BAPTISTA), Proc. 0434100/ITIJ.

§ 20.º A "confirmação" do testamento

67. *Os dados legais e a sua interpretação*

I. Segundo o artigo 2309.º, do Código Civil:

> Não pode prevalecer-se da nulidade ou anulabilidade do testamento ou da disposição testamentária aquele que a tiver confirmado.

Tomada à letra, teríamos aqui uma hipótese de confirmação dos próprios testamentos nulos. Ora isso, em certos casos, não é pensável.

II. A nulidade do testamento pode advir de incapacidade (por exemplo, o testamento feito por um menor) ou de vício de forma (por exemplo, o testamento cerrado feito por um invisual): em ambos os casos há nulidade (2190.º e 220.º, respectivamente), por imperiosa ordem pública. Repare-se que, além do mais e em todas essas circunstâncias, o testamento nem equivaleria à vontade efectivamente relevante do testador. Aqui não será imaginável qualquer sanação. E poderemos multiplicar os exemplos: pense-se no testamento cuja execução fosse ilícita ou, até, criminosa: como imaginar, aqui, qualquer confirmação?

III. É certo que a "confirmação" do testamento não sana este negócio: apenas impede o "confirmador" de invocar a invalidade. Mas mesmo assim: em casos extremos, não é possível impedir o próprio confirmador de invocar a invalidade: como adstringi-lo, por exemplo, à prática de um crime ou à execução de um "testamento" que não pudesse ser imputado ao testador, por incapacidade ou por cegueira?

O artigo 2309.º, do Código Civil[374], deve, pois, ser interpretado restritivamente, de modo a apenas permitir a "confirmação" perante situações disponíveis.

---

[374] Que o próprio RUI DE ALARCÃO, *A confirmação dos negócios anuláveis* cit., 1, 130 ss., toma em termos críticos.

68. *A proibição de* venire contra factum proprium

I. A confirmação, até por imposição lógica, só pode ser levada a cabo pelo próprio autor do acto. Quer isso dizer que, no tocante ao testamento, a confirmação só seria possível *antes* da morte do testador. Havendo um qualquer vício, o testador poderia, depois de conhecer e de remover o seu problema, renovar a sua vontade ou a manifestação respectiva, num sentido já previamente anunciado. Mas isso nem seria, propriamente, uma confirmação, uma vez que, quando dê com um vício no testamento, o testador só tem de o revogar: não há lugar para ele o anular.

II. A figura do artigo 2309.º não convalida qualquer testamento ou cláusula testamentária. Ela apenas impede o autor da "confirmação" de se prevalecer da ineficácia em jogo, como resulta da própria lei. O "confirmante" como que abdica do seu direito[375]. O acto não ficaria sanado: apenas certas pessoas perderiam o direito de invocar a invalidade[376]. Temos, aqui, uma manifestação legal explícita da proibição de *venire contra factum proprium*: aquele que "confirmasse", isto é, que declarasse aceitar certo testamento, não poderia depois, em contradição com o primeiro exteriorizado, vir proceder a uma invalidação. Sendo essa a verdadeira natureza do preceito, encontramos a chave para determinar, com precisão, o seu regime.

III. Em primeiro lugar, é necessário que o confirmante tenha conhecimento do vício e das suas consequências jurídicas. De outro modo, não fará sentido vinculá-lo a uma conduta que não exprima uma efectiva vontade. Aliás, neste ponto, depõem também as regras da confirmação propriamente dita. Na ignorância do vício ou dos seus efeitos jurídicos, nem o próprio pode confirmar.

De seguida, terá de surgir uma declaração ou um comportamento concludente que exprimam a vontade inequívoca de não invocar o vício[377]. O mero silêncio ou a mera inacção não integram a aquiescência nem, a haver depois impugnação, dão azo a abuso do direito[378].

---

[375] *Idem*, 134-135.

[376] Nesse sentido, também GUILHERME DE OLIVEIRA, *O testamento/Apontamentos* (s//d), 124.

[377] STJ 19-Jun.-2007 (URBANO DIAS), Proc. 07A1861/ITIJ.

[378] STJ 18-Fev.-2003 (AFONSO DE MELO), Proc. 03A069/ITIJ.

§ 20.° A "confirmação" do testamento   141

IV. O *venire contra factum proprium* visa proteger a confiança legítima de quem acredite no *factum*, Mas isso pressupõe um ambiente de boa fé, em que o actor do *factum proprium* saiba o que fez, de modo a ficar vinculado à aparência que criou[379].

Em suma: a "confirmação" do testamento é uma confirmação imprópria, a entender como a proibição de invocar (alguns) dos vícios que possam afectar o acto depois de, num primeiro momento e mau grado o conhecimento de causa, se ter dito que não se procederia a tal invocação.

---

[379] *Vide* os nossos *Da boa fé*, 742 ss. e *Tratado* I/4 (2005), 275 ss..

§ 21.º Outras "confirmações" especiais e "confirmações" anómalas

69. *Confirmação dos actos do menor e do casamento*

I. Cabe percorrer outras situações de "confirmação" dispersas pelo Código Civil. Verificaremos, a propósito de cada uma delas, se se trata de verdadeiras confirmações, ainda que especiais ou se, pelo contrário, estamos perante figuras anómalas. E, naturalmente: a análise terá de se efectivar perante os regimes aplicáveis.

II. O artigo 125.º ocupa-se da anulabilidade dos actos dos menores[380]. Estão em causa, naturalmente, os actos que os próprios menores não possam praticar, pessoal e livremente. Pois bem: tais actos são anuláveis, numa anulabilidade claramente estabelecida apenas no interesse dos menores. Assim, ela tem um regime especial de invocação. Ela pode ser alegada pelo progenitor que exerça o poder paternal, pelo tutor ou pelo administrador de bens, nas seguintes circunstâncias – 125.º/1, *a*):

– no prazo de um ano a contar do conhecimento, pelo requerente, do negócio a impugnar;
– mas antes de o menor atingir a maioridade ou ser emancipado.

A anulabilidade pode ainda ser requerida pelo próprio menor, no prazo de um ano a contar da sua maioridade ou emancipação – 125.º/1, *b*).

III. Fixado este quadro, temos a possibilidade de confirmação, prevista no artigo 125.º/2, com adaptação das regras mais gerais do artigo 288.º//1. Assim:

---

380 *Vide* o nosso *Tratado* I/3, 2ª ed. (2007), 451 ss..

144 *"Confirmações" especiais e "confirmações" anómalas*

– a confirmação pode ser feita pelo menor, depois de ele atingir a maioridade ou ser emancipado[381];
– e pode ainda ser efectivada pelo representante do menor que tivesse podido praticar o próprio acto em jogo.

De facto, a confirmação acompanha, de perto, a anulabilidade e a possibilidade de a invocar. É uma verdadeira confirmação, embora especial.

IV. Hipótese também especial é a da confirmação do casamento anulável. Quando celebrado por menor não núbil, por interdito, por inabilitado ou por demente notório, pode o visado, depois de cessado o vício, confirmar o casamento perante o funcionário do registo civil e duas testemunhas – 1633.º/1, *a*) e *b*).

A confirmação está ligada à anulabilidade, sendo autêntica. Apenas se assiste a uma adaptação à realidade aqui em jogo.

70. *Confirmações de documentos e de sentenças*

I. A confirmação é usada, na lei civil, a propósito de documentos. Recordemos os preceitos envolvidos:

– os documentos particulares são havidos por autenticados, quando confirmados pelas partes, perante notário – 363.º/3;
– o documento subscrito por quem não saiba ou não possa ler só obriga quando a subscrição seja feita ou confirmada perante notário – 373.º/3;
– *idem*, quando feita a rogo – 373.º/4.

Nenhuma destas "confirmações" se identifica com a confirmação *proprio sensu*. No primeiro caso, a "confirmação" equivale à repetição de um acto, perante o notário, para lhe dar uma forma mais solene; nos segundo e terceiro casos, estamos próximos da ratificação, devidamente adaptada perante documentos.

---

[381] RLx 24-Out.-1978 (SANTOS SILVEIRA), CJ III (1978) 4, 1361-1364 (1363/I) e STJ 19-Jun.-1979 (HERNÂNI DE LENCASTRE), BMJ 288 (1979), 364-368 (366).

§ 21.º Outras "confirmações" especiais e "confirmações" anómalas   145

II. O artigo 711.º refere as sentenças dos tribunais estrangeiros: quando revistas e confirmadas em Portugal, podem titular o registo de hipoteca judicial. Desta feita, a "confirmação" tem a ver com o instituto processual da revisão e confirmação de sentenças estrangeiras, judiciais ou arbitrais, previsto nos artigos 1094.º e seguintes do Código de Processo Civil. Não é a confirmação civil.

O mesmo se poderá dizer relativamente ao artigo 1626.º, que dispensa de revisão e de confirmação as decisões das instâncias eclesiásticas.

71. *Confirmação de doações sujeitas a caducidade*

I. As doações entre casados podem a todo o tempo ser revogadas pelo doador, sem que lhe seja lícito renunciar a esse direito – 1765.º. Além disso, elas caducam quando o donatário faleça antes do doador – 1766.º/ /1, *a*), 1ª parte. Todavia – *idem*, 2ª parte – assim não sucederá se o doador confirmar a doação nos três meses subsequentes à morte daquele.

II. A "confirmação" – que deve exigir a forma requerida para a própria doação, segundo o artigo 1766.º/2 – equivale, aqui, à repetição do acto, com os devidos requisitos. Não é, pois, uma confirmação *proprio sensu*.

III. Um esquema similar manifesta-se no caso de doações feitas ao adoptado pelo adoptante ou a este pelo adoptado e que caducaram no caso de a revogação da adopção ser pedida respectivamente, pelo adoptante ou pelo adoptado: a caducidade não opera se, pedida a revogação, o doador confirmar a liberdade por documento autêntico ou autenticado – 2002.º-D/3.

72. *Confirmação de doações nulas*

I. Segundo o artigo 968.º, epigrafado "confirmação de doações nulas",

> Não pode prevalecer-se da nulidade da doação o herdeiro do doador que a confirme depois da morte deste ou lhe dê voluntária execução, conhecendo o vício e o direito à declaração de nulidade.

Estando em causa uma nulidade não pode, obviamente, haver verdadeira confirmação. O acto continuará irremediavelmente nulo. A lei não diz, de resto, outra coisa: apenas impede que o herdeiro que, conhecendo o vício e o direito à declaração de nulidade, "confirme" (repita) a doação ou lhe dê execução, se possa prevalecer da nulidade[382].

II. Temos, aqui, à semelhança do que vimos suceder com o testamento, uma manifestação de tutela da confiança, numa versão simplificada da proibição de *venire contra factum proprium*. No fundo, o herdeiro que, conhecendo o vício e o direito à declaração de nulidade, confirme ou execute uma doação feita pelo *de cuius*, faz, ele próprio, uma doação equivalente. Compreende-se que não se possa prevalecer do vício anterior. No restante, a nulidade segue o regime geral, na medida em que seja aplicável.

III. A confirmação aqui em causa é anómala. Não se trata, em rigor, de uma confirmação: antes de um tipo de sanação próprio do subsistema jurídico da doação. Subjacente estará, no caso da doação, a *renovatio contractus*.

73. *Confirmação de actos nulos e dos actos anuláveis do tutor*

I. O artigo 1937.º veda, ao tutor, toda uma série de actos:

– a disposição gratuita de bens do menor – *a*);
– adquirir direitos do menor – *b*);
– celebrar actos que obriguem pessoalmente o pupilo, salvo certas excepções educacionais – *c*);
– receber liberalidades do pupilo – *d*).

Tais actos. se forem praticados, são nulos – 1939.º/1. Todavia, a nulidade em jogo é sanável mediante confirmação do pupilo, depois de maior ou emancipado, enquanto não for declarada por sentença transitada em julgado – 1939.º/2.

Esta "confirmação" tem o evidente sentido de uma *renovatio contractus*.

II. O artigo 1939.º/1 prevê que o tutor, para praticar uma série de actos mais significativos, deva obter prévia autorização do tribunal – hoje:

---

[382] RUI DE ALARCÃO, *A confirmação* cit., 1, 129 ss.

§ 21.º Outras "confirmações" especiais e "confirmações" anómalas   147

do Ministério Público[383]. E se ela não for solicitada e obtida e, não obstante, os actos forem praticados? Segue-se uma anulabilidade sujeita, de resto, às regras especiais do artigo 1940.º.

Todavia, tais actos anuláveis podem ser "confirmados" pelo Ministério Público – 1941.º[384]. Desta feita, a confirmação equivale à emissão de uma "autorização" subsequente. Não é verdadeira confirmação nem lhe segue, óbvia e visivelmente, as regras.

---

[383] Artigo 2.º/1, *b*) e *d*), do Decreto-Lei n.º 272/2001, de 13 de Outubro.
[384] Artigo 2.º/1, *d*), do Decreto-Lei em causa

ÍNDICE DE JURISPRUDÊNCIA

Supremo Tribunal de Justiça (Pleno)
STJ(P) 29-Nov.-1989 (CASTRO MENDES), redução e conversão – 112-113.
Assento nº 4/95, deJ 28 de Março (MIGUEL MONTENEGRO), restituição oficiosa – 98.

Supremo Tribunal de Justiça
STJ 8-Abr.-1969 (JOAQUIM DE MELO; vencido: RUI GUIMARÃES), conversão – 117.
STJ 6-Jan.-1970 (CARVALHO JÚNIOR), vontade hipotética – 117.
STJ 25-Abr.-1972 (ALBUQUERQUE ROCHA), redução – 112.
STJ 2-Jul.-1974 (ARALA CHAVES), redução – 112.
STJ 29-Out.-1974 (CORREIA GUEDES), anulação de testamento – 136.
STJ 17-Dez.-1974 (ABEL DE CAMPOS), conversão – 113.
STJ 3-Jan.-1975 (ARALA CHAVES), redução – 112.
STJ 18-Nov.-1975 (RODRIGUES BASTOS), redução – 112.
STJ 26-Abr.-1977 (RODRIGUES BASTOS), redução – 112.
STJ 10-Mai.-1977 (OLIVEIRA CARVALHO), redução – 112.
STJ 7-Nov.-1978 (AQUILINO RIBEIRO), redução – 112.
STJ 19-Jun.-1979 (HERNÂNI DE LENCASTRE), confirmação – 144.
STJ 4-Dez.-1979 (RUI CORTE-REAL), redução – 112.
STJ 3-Jun.-1980 (SEQUEIRA CARVALHO), redução – 112.
STJ 11-Mar.-1982 (MÁRIO DE BRITO), redução – 112.
STJ 7-Fev.-1985 (CAMPOS COSTA), redução – 112.
STJ 29-Abr.-1986 (ALMEIDA RIBEIRO), redução – 112.
STJ 9-Jun.-1987 (PEREIRA DE MIRANDA), anulação de testamento – 136.
STJ 29-Nov.-1989 (MENÉRES PIMENTEL), redução – 112.
STJ 27-Nov.-1990 (SIMÕES VENTURA), retroactividade da anulação – 97.
STJ 12-Mai.-1992 (BEÇA PEREIRA), testamento – 134.
STJ 2-Fev-1993 (EDUARDO MARTINS), restituição por invalidação – 97.
STJ 25-Mar.-1993 (MIRANDA GUSMÃO), redução – 113.
STJ 31-Mar.-1993 (SOUSA MACEDO), restituição e enriquecimento – 98.
STJ 4-Mai.-1993 (PAIS DE SOUSA), conversão, 117.
STJ 18-Jun.-1996 (TORRES PAULO), conversão, 118.

STJ 9-Out.-1996 (César Marques), inexistência (inviabilidade) – 92.

STJ 15-Out.-1996 (Torres Paulo), conversão, 118.

STJ 14-Nov.-1996 (Almeida e Silva), tutela de terceiros – 101.

STJ 9-Jan.-1997 (Miranda Gusmão), redução – 113.

STJ 20-Mai.-1997 (Fernandes Magalhães), conversão – 116.

STJ 26-Jun.-1997 (Aragão Seia), restituição por anulação – 97.

STJ 26-Jun.-1997 (Silva Paixão), invalidade como excepção – 96.

STJ 30-Out.-1997 (Miranda Gusmão), limites à eficácia retroactiva da nulidade – 99.

STJ 3-Mar.-1998 (Fernandes Magalhães), confirmação – 123.

STJ 10-Mar.-1998 (Martins da Costa), nulidade de testamento cerrado – 137.

STJ 12-Mar.-1998 (Costa Soares), redução – 113.

STJ 6-Out.-1998 (Torres Paulo; vencido: Aragão Seia), invalidade atípica – 85.

STJ 15-Out.-1998 (Pinto Monteiro), restituição e enriquecimento – 98.

STJ 5-Nov.-1998 (Torres Paulo), conversão – 117.

STJ 16-Dez.-1999 (Torres Paulo), redução – 110.

STJ 11-Abr.-2000 (Lopes Pinto), inexistência – 92.

STJ 10-Mai.-2001 (Barata Figueira), reticências no seguro – 84.

STJ 30-Jan.-2003 (Neves Ribeiro), interpretação do testamento – 135.

STJ 18-Fev.-2003 (Afonso de Melo), confirmação de testamento – 140.

STJ 22-Mai.-2003 (Salvador da Costa), anulação de testamento – 136.

STJ 14-Out.-2003 (Alves Velho), restituição por anulação – 97.

STJ 25-Nov.-2003 (Azevedo Ramos), conversão – 113.

STJ 13-Jan.-2004 (Reis Figueira), anulação de testamento – 136.

STJ 9-Mar.-2004 (Quirino Soares), inexistência – 92.

STJ 13-Mai.-2004 (Araújo Barros), indisponibilidade por testamento – 136.

STJ 18-Mai.-2004 (Reis Figueira), conversão – 113.

STJ 12-Out.-2006 (Salvador da Costa), testamento hológrafo – 134.

STJ 19-Jun.-2007 (Urbano Dias), confirmação de testamento – 140.

Relação de Coimbra

RCb 11-Dez.-1979 (Martins de Almeida), confirmação tácita – 123.

RCb 16-Mar.-1982 (Marques Cordeiro), redução – 112.

RCb 30-Mai.-1989 (Pires de Lima), redução – 112.

RCb 6-Set.-1992 (Francisco Lourenço), conversão – 113.

RCb 20-Out.-1992 (Herculano Namora), invalidades subsequentes – 100.

RCb 20-Jun.-1995 (Pereira da Graça), tutela de terceiros e ineficácia – 101.

RCb 20-Mai.-1997 (Silva Freitas), conversão – 113.

RCb 24-Nov.-1998 (Emídio Rodrigues), invalidade como excepção – 96.

Índice de Jurisprudência

RCb 23-Mar.-1999 (Coelho de Matos), redução – 112.
RCb 28-Mar.-2000 (António Geraldes), redução – 111.
RCb 22-Mai.-2002 (Helder Roque), tutela de terceiros – 101.

Relação de Évora
REv 18-Dez.-1990 (Brito Câmara), tutela de terceiros e ineficácia – 101, 102.
REv 29-Jan.-1998 (Fonseca Ramos), declaração oficiosa da nulidade – 83.
REv 17-Mai.-2001 (Graça Romba), conversão – 118.

Relação de Lisboa
RLx 24-Out.-1978 (Santos Silveira), confirmação – 144.
RLx 17-Jan.-1991 (Quirino Soares), restituição em valor – 98.
RLx 7-Nov.-1991 (Nascimento Gomes), restituição por invalidação – 97.
RLx 16-Jan.-1992 (Rosa Raposo), invalidade atípica – 85.
RLx 20-Fev.-1992 (Joaquim de Matos), confirmação – 123.
RLx 20-Jan.-1994 (Ferreira Girão), invalidade atípica – 85.
RLx 28-Nov.-1996 (Cruz Broco), declaração oficiosa da nulidade e restituição – 88, 98.
RLx 4-Jun.-1998 (Proença Fouto), restituições e compensação – 98.
RLx 15-Dez.-1999 (Salvador da Costa), conversão – 116.
RLx 24-Set.-2002 (Roque Nogueira), restituição por invalidação – 97.

Relação do Porto
RPt 16-Out.-1990 (Matos Fernandes), características da anulabilidade – 84.
RPt 31-Jan.-1994 (Abílio Vasconcelos), redução – 109.
RPt 18-Dez.-1995 (Reis Figueira), redução – 113.
RPt 2-Mai.-1996 (Sousa Peixoto), vontade hipotética – 118.
RPt 2-Nov.-1999 (Teresa Montenegro), invalidade atípica – 85.
RPt 16-Dez.-1999 (Sousa Leite), testamento cerrado – 135.
RPt 4-Mar.-2002 (António Gonçalves), restituição por anulação – 97.
RPt 7-Mai.-2002 (Armindo Costa), testamento cerrado – 135.
RPt 14-Jan.-2003 (Marques de Castilho), interpretação do testamento – 135.
RPt 26-Abr.-2004 (Fonseca Ramos), redução – 110.
RPt 6-Mai.-2004 (Gonçalo Silvano), conversão – 117.
RPt 21-Set.-2004 (Fernando Baptista), invalidade do testamento – 137.
RPt 12-Set.-2006 (Marques de Castilho), interpretação do testamento – 135.

ÍNDICE ONOMÁSTICO

A

Abello, L – 54, 149, 150

Agricola, Alfredus – 17, 24, 30, 149

Ahrens, Martin – 45, 149, 156, 158

Ainé, M. Dupin – 34, 47, 149, 156

Alarcão, Rui de – 9, 15, 19, 66, 67, 84, 87, 88, 95, 121, 139, 146, 149

Alciati, D. Andreae – 31, 149

Alexander, Kurt – 75, 149

Almeida, Martins de – 123, 162

Amello, Mariano D' – 55, 149, 152

Andrade, Manuel Augusto Domingues de – 9, 65, 67, 80, 83, 88, 93, 115, 133, 149, 158

Ascensão, José de Oliveira – 92, 118, 135, 136, 149

Aubry, C – 47, 50, 64, 149, 155, 156

Azevedo, Junqueira de – 80, 113, 149, 162

B

Baptista, Fernando – 137, 163

Barassi, Ludovico – 19, 24, 28, 29, 30, 48, 54, 149

Barde, L. – 51, 149

Barros, Araújo – 136, 162

Bastos, Rodrigues – 112, 161

Baudry-Lacantinerie, G. – 51, 149

Beckhaus, F. W. – 17, 30, 149

Behrends, Okko – 25, 27, 72, 151

Bertolini, Cesare – 19, 54, 149

Beseler, Gerhard – 24, 150

Betti, Emilio – 55, 114, 150

Bianca, C. Massimo – 89, 150

Biermann, Johannes – 42, 150, 151

Bion, Ernst – 75, 150

Böhm, Alfred – 18, 44, 150

Borsari, Luigi – 54, 150

Brinz, Alois – 38, 150

Brito, Mário de – 101, 112, 161, 163

Broco, Cruz – 83, 98, 163

Bruck, Martin – 75, 150

Brutti, Massimo – 71, 150

Buffelan-Lanore, Yvaine – 49, 150

C

Calvete, Victor R. – 111, 150

Câmara, Brito – 101, 163

Campos, Abel de – 117, 161

Canaris, Claus-Wilhelm – 100, 105, 109, 150

Carabelli, Enrico – 54, 150

Carbonnier, Jean – 36, 88, 150

Carvalho, Oliveira – 157, 161

Carvalho, Sequeira – 112, 161

Castilho, Marques de – 135, 163

Cenderelli, Aldo – 26, 150

Cervenca, Giuliano – 72, 150

Chabas, François – 36, 150, 155

Chaves, Arala – 112, 157, 161

Chironi, G. P. – 54, 149, 150

Collier, Dieter – 75, 150

Cordeiro, António Menezes – 151
Cordeiro, Marques – 112, 162
Correia, Eduardo – 115, 136, 151, 161
Corte-Real, Rui – 112, 161
Costa, Almeida – 112, 113, 151
Costa, Armindo – 135, 163
Costa, Campos – 112, 161
Costa, Martins da – 137, 162
Costa, Salvador da – 116, 134, 136, 162, 163
Couturier, Gérard – 19, 151
Coviello, Nicola – 54, 151
Criscuoli, Giovanni – 72, 151
Cuacii, Iacobi – 31, 32, 151
Cugia, Stanislau – 72, 151
Cunha, Paulo – 5, 80, 131, 133, 134, 151

D

Delvincourt, M. – 49, 151
Demante, A. M. – 50, 151
Demolombe, C. – 49, 51, 151
Dernburg, Heinrich – 42, 150, 151
Diana, Antonio Gerardo – 109, 151
Dias, Urbano – 140, 162
Dilcher, Gerhard – 16, 151
Dölle, Hans – 39, 151
Domat, M – 7, 31, 33, 115, 151
Donelli, Hugonis – 32, 151
Doria, Giovanni – 56, 151
Duranton, M. – 50, 151

E

Ehlert, Friedrich – 75, 152
Enneccerus, Ludwig – 81, 83, 152, 155
Epifânio, Maria do Rosário – 92, 152
Esmein, Paul – 51, 152, 156

F

Fedele, Alfrede – 55, 149, 152
Ferid, Murad – 51, 152, 157
Fernandes, Carvalho – 80, 83, 84, 88, 92, 95, 109, 110, 112, 115, 116, 118, 123, 152, 154, 162, 163
Ferreira, José Dias – 59, 60, 61, 85, 152, 163
Ferri, G. Battista – 54, 152
Figge, Wilhelm – 75, 152
Figueira, Barata – 84, 162
Figueira, Reis – 113, 117, 136, 162, 163
Finazzi, Giovani – 25, 152
Finzi, Enrico – 55, 152
Fouto, Proença – 98, 163
Franceschelli, Vincenzo – 115, 152
Freitas, Silva – 116, 162

G

Galgano, Francesco – 56, 152
Gandolfi, Giuseppe – 40, 115, 152, 153
Geraldes, António – 111, 163
Giacobbe, Giovanni – 55, 152
Gianturco, Emmanuele – 55, 153
Giorgi, Giorgio – 54, 153
Girão, Ferreira – 85, 163
Giuffrè, Vincenzo – 114, 152, 153, 158
Gomes, Nascimento – 97, 163
Gonçalves, António – 97, 163
Gonçalves, Flávio Silva – 15, 153
Gonçalves, Luiz da Cunha – 9, 63, 64, 88, 115, 153
Grabba, Hans-Ulrich – 45, 153
Graça, Pereira da – 101, 162
Gregory, Adrianus Fredericus Ludovicus – 18, 24, 44, 153

Índice Onomástico

Griesinger, Julius – 17, 24, 29, 153
Guedes, Correia – 136, 161
Guimarães, Rui – 117, 161
Gusmão, Miranda – 99, 113, 161, 162

H

Haidlen, Oskar – 45, 153
Hardner, Manfred – 76, 78, 153
Harpprecht, Christoph Friedrich – 40, 115, 153
Helmann, F. – 39, 153, 157
Hübner, Heinz – 72, 80, 153
Huc, Théophile – 51, 153

J

Jacobi, Leonard – 80, 153
Japiot, René – 36, 153
Jhering, Rudolf von – 40, 153
Júnior, Carvalho – 117, 161

K

Kahl, Manfred – 115, 154
Kaser, Max – 23, 26, 72, 154
Keim, Christopher – 111, 154
Kipp, Theodor – 42, 79, 81, 83, 115, 154, 158
Krampe, Christoph – 115, 154
Krüger, Paulus – 25, 26, 27, 28, 37, 151
Kubaschewski, Kurt – 27, 75, 154
Kugel, Otto – 44, 154

L

Labareda, João – 92, 152, 154
Lange, Heinrich – 75, 154
Langlade – 49, 154
Larenz, Karl – 80, 83, 98, 154, 159
Leitão, Luís Menezes – 92, 98, 154

Leite, Sousa – 135, 163
Lencastre, Hernâni de – 144, 161
Lenel, Otto – 25, 154
Lequette, Yves – 36, 47, 48, 49, 51, 154, 157
Lima, Pires de – 87, 88, 89, 90, 112, 117, 133, 154, 162
Lingenthal, Karl Salomo Zachariä von – 50, 154
Lipari, Nicolò – 76, 154, 156
Loewenwarter, Viktor – 45, 154
Lourenço, Francisco – 113, 162
Luig, Klaus – 19, 154, 155

M

Macchia, Angelo – 19, 54, 154
Macedo, Sousa – 98, 161
Mackeldey, Ferdinand – 38, 154
Magalhães, Fernandes – 116, 123, 162
Mahn, Henr. Christian – 17, 24, 30, 154
Marcadé, V. – 50, 155
Markwald, Richard – 75, 155
Marques, César – 92, 162
Marques, J. Dias – 9, 65, 66, 155
Martin, Etienne – 50, 149, 155
Martins, Eduardo – 97, 123, 137, 161, 162
Masi, Antonio – 71, 155
Massé, G. – 48, 155, 159
Matos, Coelho de – 110, 163
Matos, Joaquim de – 123, 163
Mazeaud, Henri – 150, 155
Mazeaud, Jean – 36, 88, 155
Mazeaud, Léon – 88, 155
Meier, Joannes Godofredus – 17, 24, 155
Melo, Afonso de – 140, 162

Melo, Joaquim de – 117, 154, 161

Mendes, Castro – 80, 83, 88, 113, 155, 161

Miranda, Pereira de – 99, 113, 136, 161, 162

Mommsen, Theodor – 23, 25, 26, 27, 28, 151, 155

Monteiro, António Pinto – 80, 155

Monteiro, Pinto – 98, 162

Montenegro, Miguel – 98, 161

Montenegro, Teresa – 85, 163

Moreira, Guilherme Alves – 9, 16, 17, 61, 62, 63, 65, 79, 83, 88, 155

Morelli, Mario – 27, 155

Mugdan, R. – 104, 155

Müller, Markus – 19, 154, 155

N

Namora, Herculano – 100, 162

Nipperdey, Hans-Carl – 81, 83, 152, 155

Nogueira, Roque – 97, 163

O

Oliveira, Guilherme de – 140, 155

P

Paixão, Silva – 96, 162

Paola, Santi di – 71, 155

Paulo, Torres – 85, 110, 117, 118, 161, 162

Peixoto, Sousa – 118, 163

Pereira, Beça – 101, 134, 136, 161, 162

Pimentel, Menéres – 112, 152, 161

Pinto, Carlos Alberto da Mota – 155, 156

Pinto, Lopes – 92, 162

Pinto, Paulo Mota – 40, 80, 123, 155, 156

Planiol, Marcel – 49, 51, 87, 88, 156

Pothier, R.-J. – 7, 31, 34, 47, 115, 149, 156

Prötting, Hanns – 45, 149, 156

Puchta, G. F. – 38, 156

Putti, Pietro Maria – 76, 154, 156

Q

Quadrato, Renato – 72, 156

R

Ramos, Azevedo – 113, 162

Ramos, Fonseca – 83, 110, 163

Raposo, Rosa – 85, 163

Rau, C – 47, 50, 64

Regelsberger, Ferdinand – 42, 156

Reitz, Gisbertus – 17, 24, 29, 30, 156

Renard, Georges – 72, 73, 156

Rescigno, Pietro – 56, 156

Ribeiro, Almeida – 112, 161

Ribeiro, Aquilino – 112, 161

Ribeiro, Neves – 135, 162

Ripert, Georges – 51, 152, 156

Rocha, Albuquerque – 111, 161

Rocha, M. A. Coelho da – 9, 57, 58, 156

Rodrigues, Emídio – 96, 112, 161, 162

Romba, Graça – 118, 163

Roque, Helder – 101, 163

Rosenthal, Georg – 18, 44, 156

Roth, Herbert – 19, 109, 115, 156, 157

Rudorff, A. – 38, 156

Ruggiero, Roberto de – 54, 156

S

Satta, Giuseppe – 114, 115, 156

Savigny, Friedrich Carl von – 8, 9, 27, 36, 37, 40, 47, 73, 76, 77, 78, 103, 156

Scheller, R. – 18, 24, 26, 41, 156

Sciascia, Gaetano – 72, 157

Seia, Aragão – 85, 97, 162

Seiler, Hans Hermann – 24, 26, 27, 157

Serra, Adriano Vaz – 111, 112, 133, 157

Seuffert, Lothar – 8, 18, 29, 30, 37, 38, 39, 40, 41, 42, 127, 153, 157

Sigerist, A. – 18, 24, 41, 157

Silva, Almeida e – 101, 162

Silvano, Gonçalo – 117, 163

Silveira, Santos – 144, 163

Simler, Philippe – 36, 47, 48, 49, 51, 157

Soares, Costa – 113, 162

Soares, Quirino – 92, 98, 162, 163

Sonnenberger, Hans Jürgen – 51, 152, 157

Sousa, Pais de – 117, 161

Staudinger – 19, 95, 109, 115, 156, 157

Stolfi, Nicola – 54, 157

T

Telles, Inocêncio Galvão – 9, 65, 80, 83, 88, 92, 133, 157

Teonesto, Ferrarotti – 53, 54, 157

Terré, François – 36, 47, 48, 49, 51, 154, 157

Tondo, Salvatore – 71, 157

Triola, Roberto – 55, 157

Troplong, M. – 47, 157

U

Ulpiano – 23, 26, 28, 72

V

Vangerow, Karl Adolph von – 38, 158

Varela, João de Matos Antunes – 88, 113, 135, 158

Vasconcelos, Abílio – 109, 163

Vaz, Albino Anselmo – 115, 158

Velha, Ricardo – 65, 149, 158

Velho, Alves – 97, 162

Ventura, Raúl – 88, 114, 115, 158

Ventura, Simões – 97, 161

Vergé, Ch. – 48, 158, 159

Vitrano, Filippo Messina – 71, 158

W

Wächter, Carl Georg von – 42, 158

Wegen, Gerhard – 45, 149, 158

Weinreich, Gerd – 45, 149, 158

Weis, Franciscus Ignatius – 17, 28, 30, 158

Wells, H. G. – 125, 158

Wendt, Otto – 42, 158

Wesener, Gunter – 115, 153, 158

Wieacker, Franz – 17, 72, 153, 158

Windscheid, Bernard – 42, 75, 79, 81, 83, 115, 154, 158

Wittkowski, Richard – 18, 44, 158

Wlassak, Moriz – 25, 27, 158

Wolff, Manfred – 80, 83, 154, 159

Wurmstisch, Werner – 44, 159

Z

Zachariae, K.-S. – 47, 48, 50, 52, 64, 149, 155, 158, 159

Zimmermann, Ernst – 26, 159

ÍNDICE BIBLIOGRÁFICO

ABELLO, L. – *vide* CHIRONI, G. P..

AGRICOLA, ALFREDUS – *De ratihabitione*, 1848.

AHRENS, MARTIN – em HANNS PRÖTTING/GERHARD WEGEN/GERD WEINREICH, *BGB / Kommentar*, 2ª ed., 2007), § 141.

AINÉ, DUPIN – *vide* POTHIER, R.-J..

ALARCÃO, RUI DE – *Invalidade dos negócios jurídicos / Anteprojecto para o novo Código Civil*, BMJ 89 (1959), 199-267;
– *A confirmação dos negócios anuláveis*, vol. I, 1971.

ALCIATI, D. ANDREAE – *Mediolanensis, iurisconsulti clariss, comentariorũ in aliquot Iuris civilis & Pontificii titulos, cõmuni Interpretum more praelectorum*, Tomus quartus, ed. Basileia, s/data.

ALEXANDER, KURT – *Der Begriff der Unwirksamkeit im B.G.B.*, 1903.

AMELLO, MARIANO D' – *vide* FEDELE, ALFREDE.

ANDRADE, MANUEL AUGUSTO DOMINGUES DE – *Teoria geral da relação jurídica*, por RICARDO VELHA, 1953, polic..

ASCENSÃO, JOSÉ DE OLIVEIRA – *A tipicidade dos direitos reais*, 1968;
– *Efeitos da falência sobre a pessoa e negócios do falido*, ROA 1995, 641-688;
– *Direito civil / Sucessões*, 5ª ed., 2000.

AUBRY, C./RAU, C. – *Cours de Droit civil français d'après la méthode de Zachariae*, IV, 4ª ed. (1871) e IV, 6ª ed., por ETIENNE MARTIN, s/data.

AZEVEDO, JUNQUEIRA DE – *Negócio jurídico/Existência, validade e eficácia*, 2ª ed., 1986.

BARASSI, LUDOVICO – *Teoria della ratifica del contratto annulabile*, 1898.

BARDE, L. – *vide* BAUDRY-LACANTINERIE, G..

BAUDRY-LACANTINERIE, G./BARDE, L. – *Traité théorique et pratique de Droit civil / Les obligations*, 3ª ed., tomo IV, 1908.

BECKHAUS, F. W. – *Über die Ratihabition der Rechtsgeschäfte*, 1859.

BERTOLINI, CESARE – *La ratifica degli atti giuridici nel diritto privato romano*, II, 1891.

BESELER, GERHARD – *Romanistischen Studien*, SZRom 46 (1926), 83-144;
 – *Confestim – Continuo*, SZRom 51 (1931), 188-202;
 – *Beiträge zur Kritik der römische Rechtsquellen*, SZRom 66 (1948), 265-393.

BETTI, EMILIO – *Convalida o conferma nel negozio giuridico*, NssDI IV (1959), 791-792;
 – *Converzione del negozio giuridico (diritto romano)*, NssDI IV (1959), 810-811.

BIANCA, C. MASSIMO – *Diritto civile / III – Il contratto*, 1987.

BIERMANN, JOHANNES – *vide* DERNBURG, HEINRICH.

BION, ERNST – *Die Anfechtbarkeit von Willenserklärungen wegen Rechtsirrtums*, 1939.

BÖHM, ALFRED – *Die Bestätigung nichtiger Rechtsgeschäfte*, 1926.

BORSARI, LUIGI – *Commentario del codice civile italiano*, III/2, 1878.

BRINZ, ALOIS – *Lehrbuch der Pandekten*, 2, 1860.

BRUCK, MARTIN – *Die Bedeutung der Anfechtbarkeit für Dritte / ein Beitrag zur Lehre vom Rechtsgeschäft*, 1900.

BRUTTI, MASSIMO – *Invalidità (storia)*, ED XXII (1972), 560-575.

BUFFELAN-LANORE, YVAINE – *Essai sur la notion de caducité des actes juridiques en Droit civil*, 1963.

CALVETE, VICTOR R. – *A forma do contrato-promessa e as consequências da sua inobservância*, 1990.

CANARIS, CLAUS-WILHELM – *Die Vertrauenshaftung im deutschen Privatrecht*, 2ª ed., 1983;
 – *Gesamtunwirksamkeit und Teilgültigkeit rechtsgeschäftlicher Regelungen*, FS Steindorf (1990), 519-571.

CARABELLI, ENRICO – *La pratica del codice civile*, 2ª ed., 1872.

CARBONNIER, JEAN – *Droit Civil / Les obligations*, ed. completa de 2004;
 – *Droit civil / La famille*, ed. completa de 2004.

CENDERELLI, ALDO – *La negotiorum gestio / Corso esegetico di diritto romano* I
 – *Struttura, origini, azioni*, 1997.

CERVENCA, GIULIANO – *"Restitutio in integrum"*, NssDI XV (1968), 739-744.

CHABAS, FRANÇOIS – *vide* MAZEAUD, HENRI.

CHIRONI, G. P./ABELLO, L. – *Trattato di diritto civile italiano*, I – *Parte generale*, 1904.

Codice per lo Regno delle due Sicilie, Parte prima, *Leggi civili*, 6ª ed., 1827.

COLLIER, DIETER – *Nichtigkeit und Unwirksamkeit im System der bürgerlichen Rechtsordnung*, 1967.

CORDEIRO, ANTÓNIO MENEZES – *A posse: perspectivas dogmáticas actuais*, 3ª ed., 2000;

– *Sumários de Direitos Reais*, 2001;

– *Tratado de Direito civil português*, I/1, 3ª ed., 2007, reimp.; I/4, 2005;

– *Da boa fé no Direito civil*, 2007, 2ª reimp.;

– *Manual de Direito comercial*, 2ª ed., 2007.

Corpus Iuris Civilis, 16ª ed., PAULUS KRÜGER/THEODOR MOMMSEN, 1954.

Corpus Iuris Civilis / Text und Übersetzung II – *Digesten*, por OKKO BEHRENDS e outros, 1-10, 1995.

CORREIA, EDUARDO – *A conversão dos negócios jurídicos ineficazes*, BFD XXIV (1948), 360-389.

COSTA, ALMEIDA – anotação ao Assento de 29-Nov.-1989, RLJ 125 (1992), 222-224;

– *Direito das Obrigações*, 10ª ed., 2006.

COUTURIER, GÉRARD – *La confirmation des actes nuls*, 1972.

COVIELLO, NICOLA – *Manuale di diritto civile italiano / Parte generale*, 1924.

CRISCUOLI, GIOVANNI – *La nullità parziale del negozio giuridico / Teoria generale*, 1959.

CUACII, IACOBI – *Tolosatis Opera, ad parisiensem fabrotianam editionem diligentis-sime exacta in tomos XI – distributa*, tomo 4, ed. 1677, e tomo 8 ed. 1860.

CUGIA, STANISLAU – *La nullità parziale del negozio giuridico nel D. 24.1*, 1922.

CUNHA, PAULO – *Direito das sucessões*, 1947.

DELVINCOURT, M. – *Cours de Code Civil*, 2, 1824 = 1834.

DEMANTE, A. M. – *Cours de Droit civil français*, 2, 3ª ed., 1840.

DEMOLOMBE, C. – *Cours de Code Napoléon*, vol. XXIX, 1876.

DERNBURG, HEINRICH/BIERMANN, JOHANNES – *Pandekten* I – *Allgemeiner Teil und Sachenrecht*, 7ª ed., 1902.

DIANA, ANTONIO GERARDO – *La nullità parziale del contratto*, 2004.

DILCHER, GERHARD – *Von der Rechtsgeschichte zur Soziologie / Max Webers Ausein-andersetzung mit der Historischen Rechtsschule*, JZ 2007, 105-112.

DÖLLE, HANS – *Juristische Entdeckungen*, 42 DJT (1959) 2, B1-B22.

DOMAT, M. – *Les loix civiles dans leur ordre naturel: le droit public, et legum delectus*, 1, 1756.

DONELLI, HUGONIS – *Jurisconsulti et antecessoris opera omnia / Commentatorium de jure civili*, tomo III, ed. Macerata, 1829.

DORIA, GIOVANNI – *I negozi sull'effetto giuridico*, 2000.

DURANTON, M. – *Cours de Droit civil suivant le Code français*, tomo 7, 4ª ed., 1841.

EHLERT, FRIEDRICH – *Nichtigkeit, Anfechtbarkeit und Unwirksamkeit im Bürgerlichen Gesetzbuche*, 1919.

ENGELBRECHT, ANDREAS SEIJ VON – *Die Bestätigung nichtiger und anfechtbarer Rechtsgeschäfte*, 1907.

ENNECCERUS, LUDWIG/NIPPERDEY, HANS-CARL – *Allgemeiner Teil des bürgerlichen Rechts*, 2, 15ª ed., 1960.

EPIFÂNIO, MARIA DO ROSÁRIO – *Os efeitos substantivos da falência*, 2000.

ESMEIN, PAUL – *vide* RIPERT, GEORGES.

FEDELE, ALFREDE – em MARIANO D'AMELLO/ENRICO FINZI, *Codice civile / Libro delle obbligazioni / Commentario*, I, 1948.

FERID, MURAD/SONNENBERGER, HANS JÜRGEN – *Das französische Zivilrecht* – 1/1 *Einführung und Allgemeiner Teil*, 2ª ed., 1994.

FERNANDES, CARVALHO – anotação a STJ 29-Nov.-1989 (MENÉRES PIMENTEL), RDES XXXV (1993), 196-238.

FERNANDES, CARVALHO – *A conversão dos negócios jurídicos civis*, 1993;
– anotação a STJ 29-Nov.-1989, RDES 1993, 196-238;
– *Teoria geral do Direito civil*, 2, 3ª ed., 2003.

FERNANDES, CARVALHO/LABAREDA, JOÃO – *Código dos Processos Especiais de Recuperação da Empresa e da Falência Anotado*, 3ª ed., 1999.

FERREIRA, JOSÉ DIAS – *Código Civil Portuguez Annotado*, II, 2ª ed., 1895; III, 2ª ed., 1898.

FERRI, G. BATTISTA – *Conferma*, NDI III (1938), 757-761.

FIGGE, WILHELM – *Der Begriff der Unwirksamkeit im B.G.B.*, 1902.

FINAZZI, GIOVANI – *Azione pretorie ed azione civile*, 1999.

FINAZZI, GIOVANI – *Richerche in tema di negotiorum gestio*, II/1, *Requisiti delle actiones negotiorum gestorum*, 2003.

FINZI, ENRICO – *vide* FEDELE, ALFREDE.

FRANCESCHELLI, VINCENZO – *Converzione del negozio nullo*, DDP/SCiv IV (1989), 376-382.

GALGANO, FRANCESCO – *Diritto civile e commerciale* II/1, 1990.

GANDOLFI, GIUSEPPE – recensão a VINCENZO GIUFFRÈ, *L'utilizzazione degli atti giuridici mediante "converzione" in diritto romano* (1965), IVRA XVII (1966) 2, 417-422;
– *La converzione dell'atto invalido*, 1.° vol. – *Il modelo germânico*, 1984, e 2.° vol. – *Il problema in proiezione europea*, 1988.

GIACOBBE, GIOVANNI – *Convalida (diritto privato)*, ED X (1962), 479-502.

GIANTURCO, EMMANUELE – *Sistema del Diritto Civile Italiano (Parte Generale)*, 1894.

GIORGI, GIORGIO – *Teoria delle obbligazioni nel diritto moderno italiano*, VIII, 1893.

GIUFFRÈ, VINCENZO – *L'utilizzazione degli atti giuridici mediante "converzione" in diritto romano*, 1965;
– *vide* GANDOLFI, GIUSEPPE;
– *vide* WESENER, GUNTER.

GONÇALVES, FLÁVIO SILVA – *A confirmação*, 1992.

GONÇALVES, LUIZ DA CUNHA – *Tratado de Direito civil* 1, 1929; 4, 1931; e 6, 1932.

GRABBA, HANS-ULRICH – *Bestätigung und Genehmigung von Rechtsgeschäften*, 1967.

GREGORY, ADRIANUS FREDERICUS LUDOVICUS – *Specimen iuris civilis de ratihabitione*, 1864.

GRIESINGER, JULIUS – *Zur Lehre von der Ratihabition der Rechtsgeschäfte*, 1862.

HAIDLEN, OSKAR – *Bürgerliches Gesetzbuch* 1, 1897.

HARDNER, MANFRED – *Die historische Entwicklung der Anfechtbarkeit von Willenserklärungen*, AcP 173 (1973), 209-226.

HARPPRECHT, CHRISTOPH FRIEDRICH – *Dissertatio iuridica inauguralis, de eo quod iustum est circa conversionem actuum negotiorumque iuridicorum iamim peractorum*, 1747.

HELMANN, F. – recensão a LOTHAR SEUFFERT, *Zur Geschichte und Dogmatik des deutschen Rechts* I – *Die Rechtsverhältnisse der Aktivmasse* (1888), KrV-GRW XXXI (1889), 267-272;
– *Terminologischen Untersuchungen über die rechtliche Unwirksamkeit im römischen Recht*, 1914.

HÜBNER, HEINZ – *Zum Abbau von Nichtigkeitsvorschriften*, FS Wieacker, 1978, 399-410;
– *Allgemeiner Teil des Bürgerlichen Gesetzbuches*, 1985.

HUC, THÉOPHILE – *Commentaire théorique & pratique du Code Civil*, tomo 8, 1893.

JACOBI, LEONARD – *Die fehlerhaften Rechtsgeschäfte / Ein Beitrag zur Begriffslehre des deutschen bürgerlichen Rechts*, AcP 86 (1896), 51-154.

JAPIOT, RENÉ – *Des nullités en matère d'actes juridiques / Essai d'une théorie nouvelle*, 1909.

JHERING, RUDOLF VON – *Culpa in contrahendo oder Schadensersatz bei nichtigen oder nicht zur Perfection gelangten Verträgen*, JhJb 4 (1861), 1-113.

KAHL, MANFRED – *Grenzen der Umdeutung rechtsgeschäftlichen Erklärung (§ 140 BGB)*, 1985.

KASER, MAX – *Das römische Privatrecht* I – *Das altrömische, das vorklassische und klassische Recht*, 2ª ed., 1971;
– *Über Verbotsgesetze und Verbotswidrige Geschäfte im römischen Recht*, 1977.

KEIM, CHRISTOPHER – *Keine Anwendung des § 139 BGB bei Kenntnis der Parteien von der Teilnichtigkeit?*, NJW 1999, 2866-2868.

KIPP, THEODOR – *vide* WINDSCHEID, BERNARD.

KRAMPE, CHRISTOPH – *Die Konversion des Rechtsgeschäfts*, 1980.

KUBASCHEWSKI, KURT – *Die Anfechtbarkeit des nichtigen Rechtsgeschäfts*, 1911.

KUGEL, OTTO – *Die Bestätigung nichtiger und anfechtbarer Ehen*, 1931.

LABAREDA, JOÃO – *vide* FERNANDES, CARVALHO.

LANGE, HEINRICH – *Die Eindämmung von Nichtigkeit und Anfechtbarkeit*, AcP 144 (1937/38), 149-164.

LANGLADE – *Code civil / exposé des motifs*, 5, 1820.

LARENZ, KARL/WOLFF, MANFRED – *Allgemeiner Teil des deutschen Bürgerlichen Rechts*, 9ª ed., 2004.

LEITÃO, LUÍS MENEZES – *O enriquecimento sem causa no Direito civil*, s/data, mas 1997;
– *Código da Insolvência e da Recuperação de Empresas*, 3ª ed., 2006.

LENEL, OTTO – *Das Edictum Perpetuum*, 3ª ed., 1927, reimp..

LEQUETTE, YVES – *vide* TERRÉ, FRANÇOIS.

LIMA, PIRES DE – *O casamento putativo no Direito civil português*, 1930;
– anotação a STJ 8-Abr.-1969 (JOAQUIM DE MELO), RLJ 103 (1970), 315-320.

LINGENTHAL, KARL SALOMO ZACHARIÄ VON – *Handbuch des französischen Civil-rechts*, 3ª ed., 4 volumes, 1827-1828.

LIPARI, NICOLÒ – *vide* PUTTI, PIETRO MARIA.

LOEWENWARTER, VIKTOR – *Lehrkommentar zum BGB*, 1, 2ª ed., 1926.

LUIG, KLAUS – recensão a MARKUS MÜLLER, *Die Bestätigung nichtiger Rechtsge-schäfte nach § 141 BGB*, 1989, Ius Commune 1990, 376-381.

MACCHIA, ANGELO – *La conferma dei negozi giuridici*, RISG 1929, 125-148 e 433-470 e 1930, 531-590.

MACKELDEY, FERDINAND – *Lehrbuch des heutigen Römischen Rechts*, 12ª ed., 1842.

MAHN, HENR. CHRISTIAN – *Commentatio de iure ratihabitionis gestorum, vom Ge-nehmhaftungsrecht*, 1741.

MARCADÉ, V. – *Cours élémentaire de Droit civil français ou explication théorique et pratique du Code Civil*, tomo 5, 4ª ed., 1851.

MARKWALD, RICHARD – *Der Begriff der Unwirksamkeit im Bürgerlichen Gesetzbuche*, 1903.

MARQUES, J. DIAS – *Teoria geral do Direito civil*, II, Lições ao Curso de 1957-58, 1959.

MARTIN, ETIENNE – *vide* AUBRY, C./RAU, C..

MASI, ANTONIO – *Nullità (storia)*, ED XXVIII (1978), 859-866.

MASSÉ, G. – *vide* ZACHARIAE, K.-S..

MAZEAUD, HENRI e LÉON/MAZEAUD, JEAN/CHABAS, FRANÇOIS – *Leçons de Droit Civil*, II/1, *Obligations / Théorie générale*, 9ª ed., 1998.

MAZEAUD, JEAN – *vide* MAZEAUD, HENRI.

MAZEAUD, LÉON – *vide* MAZEAUD, HENRI.

MEDICUS, DIETER – *Allgemeiner Teil des BGB / Ein Lehrbuch*, 8ª ed., 2002.

MEIER, JOANNES GODOFREDUS – *De iure ratihabitionis*, 1720.

MENDES, JOÃO DE CASTRO – *Direito civil (teoria geral)*, 3, 1968;
– *Teoria geral do Direito civil*, 2, 1978-79, versão revista em 1985.

MOMMSEN, THEODOR – *Corpus iuris civilis* 1, 8ª ed., 1891.

MONTEIRO, ANTÓNIO PINTO – *vide* PINTO, CARLOS ALBERTO DA MOTA.

MOREIRA, GUILHERME ALVES – *Instituições do Direito Civil Português*, volume I – *Parte geral*, 1907.

MORELLI, MARIO – *Die Geschäftsführung im klassischen Recht*, 1935.

Motivi dei Codici per gli Stati Sardi, 2, 1856.

MUGDAN, R. – *Die gesammten Materialien zum Bürgerlichen Gesetzbuch für das Deutsche Reich*, I – *Einführungsgesetz und Allgemeiner Teil*, 1899.

MÜLLER, MARKUS – *Die Bestätigung nichtiger Rechtsgeschäfte nach § 141 BGB*, 1989;
– *vide* LUIG, KLAUS.

NIPPERDEY, HANS-CARL – *vide* ENNECCERUS, LUDWIG.

OLIVEIRA, GUILHERME DE – *O testamento / Apontamentos*, s/d.

PAOLA, SANTI DI – *Contributi a una teoria della invalidità e della inefficacia in diritto romano*, 1966

PINTO, CARLOS ALBERTO DA MOTA – *Cessão da posição contratual*, 1970;
– *Teoria geral do Direito civil*, 3ª ed., 1985; 4ª ed., por ANTÓNIO PINTO MONTEIRO e PAULO MOTA PINTO, 2005.

166 *Da confirmação no Direito civil*

PINTO, PAULO MOTA – *vide* PINTO, CARLOS ALBERTO DA MOTA.

PLANIOL, MARCEL – *Traité Élémentaire de Droit civil*, 1, 3ª ed., 1904.

PLANIOL, MARCEL/RIPERT, GEORGES – *Traité pratique de Droit civil français*, VI – *Les obligations*, 1, com a colaboração de PAUL ESMEIN, 1930.

POTHIER, R.-J. – *Traité de la procedure civile*, em *Oeuvres*, por DUPIN AINÉ, 6º vol., 1832.

Projecto de Codigo Civil Portuguez, 1867.

PRÖTTING, HANNS – *vide* AHRENS, MARTIN.

PUCHTA, G. F. – *Pandekten*, 8ª ed., 1856, póstuma), por A. RUDORFF, 1856.

PUTTI, PIETRO MARIA – no *Trattato di diritto privato europeo*, org. NICOLÒ LIPARI, III – *L'attività e il contratto* (2003), 452 ss.

QUADRATO, RENATO – *Sulle trace dell'annulabilità / Quasi nullus nella giurisprudenza romana*, 1983.

RAU – *vide* AUBRY.

RAU, C. – *vide* AUBRY, C..

REGELSBERGER, FERDINAND – *Pandekten* 1, 1893.

REITZ, GISBERTUS – *De ratihabitione et retractatione*, 1755.

RENARD, GEORGES – *L'idée d'annulabilité chez les interprètes du droit romain au Moyen-Âge*, NRH 1903, 214-249 e 327-364.

RESCIGNO, PIETRO (org.) – *Codice civile*, 1, 6ª ed., 2006.

RIPERT, GEORGES – *vide* PLANIOL, MARCEL.

ROCHA, M. A. COELHO DA – *Instituições de Direito civil portuguez*, 1, 8ª ed., 1917 = 3ª, de 1846.

ROSENTHAL, GEORG – *Die rechtliche Natur und die Wirkung der Bestätigung nichtiger und anfechtbarer Rechtsgeschäfte*, 1911.

ROTH, HERBERT – *Staudingers Kommentar zum BGB* I, §§ 134-163 (2003), § 141 e § 144 (503-512 e 535-540);
– *vide* STAUDINGER.

RUDORFF, A. – *vide* PUCHTA, G. F..

RUGGIERO, ROBERTO DE – *Istituzioni di diritto civile* I, 7ª ed., 1934.

RUTENBECK, ERNST – *Der Gegensatz der sogenannten Konversion zur Bestätigung nicht gültiger Rechtsgeschäfte nach gemeinem Recht und Bürgerlichem Gesetzbuche*, 1907.

SATTA, GIUSEPPE – *La converzione dei negozi giuridici*, 1903.

SAVIGNY, FRIEDRICH CARL VON – *System des heutigen Römischem Rechts* 4, 1841.

SCHELLER, R. – *Bedeutung und Wirkung der Ratihabition*, 1887.

SCIASCIA, GAETANO – *"Restitutio in integrum"*, NDI XI (1939), 493-494.

SEILER, HANS HERMANN – *Der Tatbestand der negotiorum gestio im römischen Recht*, 1968.

SERRA, ADRIANO VAZ – *A revisão geral do Código civil / Alguns factos e comentários*, BMJ 2 (1947), 24-76;
– anotação a STJ 25-Abr.-1972, RLJ 106 (1973), 125-127;
– anotação a STJ 2-Jul.-1974 (ARALA CHAVES), RLJ 108 (1976), 286-288 e 291-299;
– anotação a STJ 10-Mai.-1977 (OLIVEIRA CARVALHO), RLJ 111 (1978), 109-110.

SEUFFERT, JOHANN ADAM – *Praktisches Pandektenrecht* 1, 4ª ed., 1860; 2, 4ª ed., 1867.

SEUFFERT, LOTHAR – *Die Lehre von der Ratihabition der Rechtsgeschäfte / Civilistische Abhandlung*, 1868;
– *Zur Geschichte und Dogmatik des deutschen Rechts I – Die Rechtsverhältnisse der Aktivmasse*, 1888;
– *Deutsches Konkursprozessrecht*, 1899;
– *Kommentar zur Zivilprozessordnung*, 11ª ed., 1, 1910, e 2, 1911;
– *vide* HELMANN.

SIGERIST, A. – *Die Lehre von der Ratihabition der Rechtsgeschäfte / Civilistischer Versuch*, 1887.

SIMLER, PHILIPPE – *vide* TERRÉ, FRANÇOIS.

SONNENBERGER, HANS JÜRGEN – *vide* FERID, MURAD.

STAUDINGER/ROTH, HERBERT – *BGB*, 2003.

STOLFI, NICOLA – *Diritto civile I/2, Il negozio giuridici e l'azione*, 1931

TELLES, INOCÊNCIO GALVÃO – *Manual dos contratos em geral*, 3ª ed., 1965;
– *Dos contratos em geral*, Lições proferidas no ano lectivo de 1945-46, 1947; 3ª ed., 1966.

TEONESTO, FERRAROTTI – *Commentario teorico pratico comparato al codice civile italiano*, vol. VIII, 1874.

TERRÉ, FRANÇOIS/SIMLER, PHILIPPE/LEQUETTE, YVES – *Droit civil / Les obligations*, 7ª ed., 1999; e 9ª ed., 2005.

TONDO, SALVATORE – *Invalidità e inefficacia del negozio giuridico*, NssDI VIII (1962), 994-1003.

TRIOLA, ROBERTO – *Códice civile annotato*, 3ª ed., 2003.

TROPLONG, M. – *Le droit civil expliqué suivant l'ordre des articles du Code / De la vente*, 2, 2ª ed., 1835.

168   *Da confirmação no Direito civil*

TUHR, ANDREAS VON – *Der Allgemeiner Teil des Deutschen Bürgerlichen Rechts*, vol. II, tomo 1, 1914, § 56.

VANGEROW, KARL ADOLPH VON – *Lehrbuch der Pandekten*, 1º vol., 7ª ed., 1875; 3º vol., 7ª ed., 1869.

VARELA, JOÃO DE MATOS ANTUNES – *Ineficácia do testamento e vontade conjectural do testador*, 1950;
    – *Direito da Família*, 4ª ed., 1996.
    – *Das obrigações em geral*, 1, 10ª ed., 2000.

VAZ, ALBINO ANSELMO – *A conversão e a redução dos negócios jurídicos*, ROA 5 (1945), 131-173.

VELHA, RICARDO – *vide* ANDRADE, MANUEL AUGUSTO DOMINGUES DE.

VENTURA, RAÚL – *A conversão dos actos jurídicos no Direito romano*, 1947;
    – *Valor jurídico do casamento*, supl. à RFDUL 1951.

VERGÉ, CH. – *vide* ZACHARIAE, K.-S..

VITRANO, FILIPPO MESSINA – *La disciplina romana dei negozi giuridici invalidi*, I – *I negozi 'juris civilis' sotto condizioni illecita*, 1922, e II – *La compra dell'attore dall'obbietto litigioso fatta scientemente*, 1924.

WÄCHTER, CARL GEORG VON – *Pandekten* I – *Allgemeiner Teil*, 1880.

WEGEN, GERHARD – *vide* AHRENS, MARTIN.

WEINREICH, GERD – *vide* AHRENS, MARTIN.

WEIS, FRANCISCUS IGNATIUS – *De cessatione Scti Macedoniani*, 1737.

WELLS, H. G. – *The Time Machine*, 1895;
    – *The War of the Worlds*, 1898.

WENDT, OTTO – *Lehrbuch der Pandekten*, 1888.

WESENER, GUNTER – recensão a VINCENZO GIUFFRÈ, *L'utilizzazione degli atti giuridici mediante "converzione" in diritto romano* (1965), SZRom 85 (1968), 502-508.

WIEACKER, FRANZ – *Privatrechtsgeschichte der Neuzeit / unter besonderer Berücksichtigung der deutschen Entwicklung*, 2ª ed., 1967.

WINDSCHEID, BERNHARD – *Zur Lehre des Code Napoleon von der Ungültigkeit der Rechtsgeschäfte*, 1847, reimp., 1969.

WINDSCHEID, BERNARD/KIPP, THEODOR – *Lehrbuch des Pandektenrechts*, 9ª ed., 1906.

WITTKOWSKI, RICHARD – *Die Bestätigung nichtiger und anfechbarer Rechtsgeschäfte nach gemeinem Recht und B.G.B.*, 1903.

Índice Bibliográfico

WLASSAK, MORIZ – *Zur Geschichte der negotiorum gestio / Eine rechtshistorische Untersuchung*, 1879.

WOLFF, MANFRED – *vide* LARENZ, KARL.

WURMSTISCH, WERNER – *Die Bestätigung nichtiger und anfechtbarer Rechtsgeschäfte nach dem BGB*, 1910.

ZACHARIAE, K.-S. – *Le droit civil français*, trad. da 5ª ed. alemã por G. MASSÉ/CH. VERGÉ, 3, 1857.

ZIMMERMANN, ERNST – *Die Lehre von der stellvertrenden Negotiorum Gestio*, 1876.

ÍNDICE IDEOGRÁFICO

Alciatus, 31
animus confirmandi, 126
anulabilidade, 14, 74, 106
aprovação, 123

BGB, 43

casamento, 143
Código Napoleão, 35
Coelho da Rocha, 57
confirmação
  – aproximação, 14
  – delimitação
  – de negócios nulos, 44, 143, 144
  – eficácia retroactiva, 124
  – estado das questões, 15
  – expressa e tácita, 123
  – na literatura, 17
  – natureza, 131
  – núcleo normativo, 121
  – relevo, 20
  – requisitos, 122
  – sistemas actuais, 43
confirmações anómalas, 145
confirmações especiais, 143
convalescença, 129
convalidação, 129
conversão, 114
Cuiacius, 31
Cunha Gonçalves, 63

Direito alemão, 43
Direito francês, 47
Direito italiano, 53
doações, 145
documentos, 144
Domat, 33
Donellus, 32

experiência portuguesa
  – Código de Seabra, 59
  – Código Vaz Serra, 65, 67
  – pré-codificação, 57

Galvão Telles, 65
Guilherme Moreira, 61

índices
  – bibliográfico, 159
  – de jurisprudência, 149
  – geral, 7
  – ideográfico, 171
  – onomástico, 153
ineficácia, 71
  – em sentido estrito , 92
inexistência, 87
invalidades, 48
  – consequências, 97
  – generalidades, 81
  – invocação, 95
  – reformulação, 103
  – tutela de terceiros, 100

menor, 143

negotiorum gestio, 25
nulidades, 73, 103

pandectística, 37
Paulo Cunha, 5, 130
perdão, 128
Pothier, 34

ratificação, 127
ratihabitio
   – aspectos gerais, 23
   – caracterização, 29
   – no Direito intermédio, 31
   – no Direito romano, 23
redução, 109
reductio, 128
renovação, 130
retroactividade, 124

Rui de Alarcão, 66

sanação, 118
Savigny, 36, 76
sentenças, 144
Seuffert, 39

teoria da ineficácia
   – evolução, 71
   – problemática periférica, 73
   – quadro clássico, 78
testamento
   – confirmação, 139
   – interpretação, 131
   – invalidade, 136
   – modalidades, 131
   – vícios, 135

validação, 128
venire contra factum proprium, 140